発達障害の
ペアレント・
トレーニング

プログラムの
進め方と
運営のコツ

簡易版

中田洋二郎　著

中央法規

はじめに

　現在ではよく知られる注意欠如・多動症（ADHD）や知的障害を伴わない自閉スペクトラム症（ASD）などの発達障害は、以前は障害として認知されず、一般的には子どもの性格や、しつけの甘さや過度な干渉など親の間違った育て方の問題とされていました。そのため適切な支援が与えられないまま、通り一遍に子どもをほめて育てることの大切さが繰り返し助言されるばかりでした。

　子どもをほめることがよいのは間違いではないのですが、子どもが通常の発達とは異なる育ち方をし、やってはいけないことばかり繰り返すために、叱ることが日常茶飯事になっている親にとって、わが子をほめるのはとても難しいことです。「子どもをもっとほめてあげてください」という専門家の助言は、親の焦りや自責の念を強めるばかりでした。

　そのような状況のなかで、子どもたちの行動に焦点を当て、親の感じる育てにくさを行動の問題として整理して具体的な手立てを提示し、特にほめる行動を見つけることから始まり、その具体的なほめ方まで提案するペアレント・トレーニングプログラムは、叱り叱られるという悪循環を繰り返す発達障害のある子どもとその親にとってなによりも救いになる内容でした。そうした感動をもって、本書で紹介するプログラムの基になっている ADHD のペアレント・トレーニングを開発しました。

　それから 20 数年が経ち、ペアレント・トレーニングは医療や療育や教育の分野で紹介されるようになっています。

　本書は、わが国で広く流布している精研式ペアレント・トレーニングのプログラムを基礎とし、実施回数を 6 回に短縮した実践向けプログラムの実施マニュアルです。簡易版と銘打ってありますが、基のプログラムのエッセンスを凝縮し、ADHD に限らず他の発達障害、さらに発達特性のある子どもたち全般に対応しうるような技法を加え、より充実したプログラム内容となっています。

　第 1 章では、ペアレント・トレーニングの概念やわが国での開発の経緯、また実際にペアレント・トレーニングを始めるために必要な事柄について、第 2 章ではプログラムの具体的な実施方法について述べています。第 3 章では、実施する際の準備やその他の留意点について、またペアレント・トレーニングをオンラインで実施する際の工夫について記載しました。

　マニュアルではありますが、これまでの子どもや保護者の支援の経験と知識を盛り込み、家族支援の考え方を学ぶうえでも役立つ内容になっています。ぜひ、発達障害や発達特性のある子どもたちの療育や教育など、児童発達支援の現場に活用してください。

中田洋二郎

目次

第 3 章 ペアレント・トレーニング実施のヒントと工夫

資料

おわりに

著者・協力者紹介

第 **1** 章

ペアレント・トレーニングの基本

第1節 ペアレント・トレーニングとは何か

1 ペアレント・トレーニングと共同治療者論

　親は子どもの保護者であるだけでなく、子どもの問題を解決する治療者でもあります。親を治療者とする考えは、古くはフロイト（Freud, S.）が馬恐怖症の子どもの父親を通して子どもの治療を成功させた事例に遡ります。しかし、本格的に親が治療に参加するようになったのは1960年代からです。具体的には、心身に障害のある子どもの治療を担う専門家が、親を共同治療者（co-therapist）と呼んで、子どもの治療に積極的に参加させるようになったのがその頃からでした（Schopler, E.,et al., 1971）。それまでは子どもの問題の原因は親の間違った養育のせいだというのが専門家の一般的な考え方でした。親を治療者とする考え方は、専門家の親に対する見方が180度転換した結果といえます。

　ペアレント・トレーニングはこのような共同治療者論に基づく、支援者と親が協力して子どもの発達支援に取り組むためのプログラムです。

2 わが国のペアレント・トレーニング

　わが国でペアレント・トレーニングが広まるきっかけになったのは、1999（平成11）年から始まった厚生労働省の研究班での注意欠如・多動症（ADHD）のペアレント・トレーニングのプログラム開発です（厚生労働省、1999-2001）。その研究に、当時の国立精神・神経センター精神保健研究所、奈良県心身障害者リハビリテーションセンター、国立肥前療養所の3つの施設が携わりました。現在、それぞれのプログラムは、精研式（まめの木式）、奈良式、肥前式（HPST：Hizen Parenting Skills Training）と呼ばれています。

　いずれのプログラムも行動療法や行動変容理論を基礎にしています。しかし、それぞれに個性があります。個性の違いはそのルーツによるものです。

　精研式（まめの木式）と奈良式は、アメリカのカリフォルニア大学ロサンゼルス校

(UCLA) の精神神経学研究所（NPI）で ADHD を対象として開発されたプログラムをベースにしています（上林ほか、2009；岩坂ほか、2021）。ルーツの点で、精研式（まめの木式）と奈良式はほぼ同じプログラムといっていいでしょう。専門用語をほとんど使わず、各セッションでロールプレイを行うなど、グループとしての活動を重視し、親子関係を修復したり、悪化するのを予防したりすることを目的としています。保護者が講師を囲み、グループ学習会をやっているような雰囲気です。

　国立肥前療養所で開発されたプログラムは、1991（平成 3）年から実践されている自閉症や知的障害の親訓練（HPST：Hizen Parenting Skills Training）を基礎としています（山上ほか、1998；大隈ほか、2005）。行動理論の専門用語を用い、理論の学習と子どもの個々の行動分析を重視し、行動療法の共同治療者養成を目的としたプログラムです。前半は講義、後半は個別のスーパービジョンといった雰囲気です。

　プログラムの内容やセッションの様子に違いはありますが、実施した結果、最初に現れる効果はとても似ています。まず生じるのは、どちらのプログラムも参加者の自己効力感の向上です（表 1-1）。それがペアレント・トレーニングを家族支援、特に保護者支援のツールとして実施する理由でしょう。

表 1-1　2 つのプログラムに共通する保護者支援としての効果

奈良式 精研式（まめの木式）	最も明らかな訓練効果として、訓練後に参加した母親の自信度が高くなる。（岩坂ほか、2002）
肥前式	子どもの行動変容の方法を親が自分で工夫し実践し、その効果を体感することで、子どもの養育に自信をもち、自責感が減じる。（大隈ほか、2002）

＊岩坂ほか、2002；大隈ほか、2002 を参考に筆者作成

前述のようにペアレント・トレーニングにはさまざまなプログラムがあります。各プログラムの普及状況の調査では、ペアレント・トレーニングを実施している自治体、障害児支援事業所、医療機関などの大半が精研式（まめの木式）・奈良式のプログラムを使用していました（一般社団法人日本発達障害ネットワーク、2020）。この2つのプログラムは、基本的には同一なので、精研式プログラムに沿ってペアレント・トレーニングの概要について紹介します。

1 ペアレント・トレーニングの目的

精研式ペアレント・トレーニングは、親子関係の改善を第一の目標としています。ペアレント・トレーニングの究極の目的は、子どもに自分を信じる力と自分を理解し受け入れる力を与えることです。すでに述べましたが、どのプログラムでも、ペアレント・トレーニングには保護者をよい方向に変える効果が認められています。保護者の変化はおのずと子どもの変化を生じさせます。両者の変化は次のように相互に関連しています。

保護者の変化

- ●ピアサポート*によって参加者の疎外感・孤立感が除去される
- ●行動に着目することによって、問題を客観的にとらえることができる
- ●子どものできている行動とできていない行動が整理でき、否定的な見方だけではなく肯定的に子どもを見ることができる
- ●問題を客観的に観察することによって、子どもの発達特性と障害の理解が進む
- ●行動の問題と発達特性の関連が理解できることによって、問題の原因を外在化し自責感や罪障感から解放される
- ●子どもの問題へ主体的に取り組むことによって無力感から脱し、親としての自信を回復する

＊同様の悩みや困難さを抱える当事者間に生まれる連帯と相互支援の機能

このような親の変化によって、子どもに次のような変化が期待できます。

> **子どもの変化**
>
> ● 親の肯定的な関心や注目によって、受け入れられている実感が得られる
> ● 親の否定的な注目がなくなり、むやみに反発しなくてもよくなる
> ● 親が冷静に指示してくれることで、何をすべきかがわかり、望ましい行動を実行でき、達成感が得られる
> ● できない、だめだと思っていたことでも、親の助言や手助けによってできる行動があることを体験し、周囲の援助を受け入れ、またそれを適正に求めることができる
> ● 親が必要な助言や手助けをしてくれることで、自分にはできる行動と援助が必要な行動があることを理解し、自分の発達特性の理解が進む
> ● 以上のような変化を土台にして、自己否定的な認知や自暴自棄的な態度を抑制する

　端的にいえば、ペアレント・トレーニングは保護者の主体性と子どもの自己理解と自己受容を支える支援といえます。それは子どもと家族の対処能力を育成し、発達特性によって生じる将来の二次的な障害を予防し被害を最小限にとどめます。

2 ペアレント・トレーニングの実施にあたって

　ペアレント・トレーニングを実施するにあたって必要な物や参加条件を、**表 1-2** にまとめました。

　表に挿入されているイラストは、ペアレント・トレーニングの様子です。ファシリテーターは参加者とともに円陣を組んで、ホワイトボードを挟んで両端に座ります。講義形式の座り方でないのは、参加者とファシリテーターが横並びの関係になり、ファシリテーターと参加者同士の話し合いが活発にできるための配慮です。できれば机やテーブルを置かないほうがよいでしょう。そのほうが参加者同士は互いに近く感じ、またロールプレイを行うにもスペースにゆとりができます。どうしても机やテーブルを使う必要がある場合は、できるだけお互いが見えるようにするとよいでしょう。ホワイト

表1-2　ペアレント・トレーニングの実施にあたって

必要な物
- いす、ホワイトボード
- 学習する内容のプリント
- ホームワークのプリント
- バインダーと筆記用具

参加条件など
- 5 〜 10 回くらいのセッション（基本は隔週）
- 1 セッションは 1 〜 2 時間
- メンバーは固定し、5 〜 8 人
- 子どもの年齢は保育所・幼稚園年中〜小学校 6 年生
- 保護者にはある程度の精神的健康が求められる

ボードは必須ではありませんが、説明を図示したり参加者の意見を板書したりして、それらの情報を共有するのに便利です。

（1）セッションの時間

　参加者のホームワークのターゲット行動（学んだ技法を実施する際に対象となる行動）の選択や実施結果の確認など、個々の参加者の個別な対応に要する時間を均一にすることが大切です。参加者がセッション内で十分に発言できるか否かは、セッションへの参加動機や参加者のグループへの帰属意識にかかわります。そのためセッションの時間と参加者の人数は連動させて考え、セッションの時間にゆとりがなければ参加者数を制限し、時間にゆとりがあれば参加者数を多めにします。時間と参加人数のおおよその配分は、1 時間で 3 名、1 時間半で 4 〜 5 名、2 時間で 6 〜 8 名です。

（2）子どもに関する要件

　子どもに発達障害の診断がなくてもかまいません。ただし、セッションのなかで受診の必要性や薬物療法の効果などが話題となることがあります。そのため診断がない子どもの保護者がそのような話題に不安や違和感を抱かないよう、参加者がわが子に何らかの発達特性があることを認識しているほうがよいでしょう。

　子どもの年齢は、このプログラムが子どもの反抗と親子関係の悪化の予防を目的としていることから、親子の葛藤的関係の修正に適した時期、すなわち**表 1-2** にあげた子どもの年齢を適合年齢としています。最適年齢は小学校 3 〜 4 年生です。このプログ

ラムで紹介する技法のなかには、乳幼児期や思春期以降の子どもには適合しないものもあります。

（3）参加する保護者の精神的健康

　グループでの話し合いやホームワークの実施という負担があるので、参加者にはある程度の精神的健康が求められます。とはいっても、実際に参加された保護者の中には精神的健康に関する既存尺度の事前結果が、境界域か臨床域のスコアの方が多くいらっしゃいます。発達障害のある子どもの保護者は日常的にストレスが高い状態にあることが、既存尺度に反映されるのでしょう。筆者がペアレント・トレーニングを実施した経験では、既存尺度の結果は良好でなくても日常生活上で適応できている状態であれば、セッションを長期欠席したり中途脱落したりする参加者はまれです。

（4）ファシリテーターの要件

　ペアレント・トレーニングでは、プログラムを紹介するスタッフをファシリテーター、インストラクターあるいはトレーナーと呼びます。このプログラムではファシリテーターと称しています。

　ファシリテーターにどのようなことが求められるかを、**表 1-3** にまとめました。ファシリテーターの職種は心理士が多いようですが、ほかに保育士・保健師・言語聴覚士・作業療法士・社会福祉士・医師・看護師など多種多様です。それぞれの専門的知識は異なっても、ペアレント・トレーニングを実施するうえでは、少なくとも「発達障害・発達特性の知識と理解があること」は必須です。発達障害や発達特性がある子どもの療育

表 1-3　ファシリテーターの要件

基本的な要件
● 発達障害・発達特性の知識と理解があること ● プログラムの内容を理解し説明できること
プログラム内容を教示する要件
● 行動変容理論や技法の基礎知識があること ● 行動療法の理論と技法を平易な言葉で説明できること
グループを運営する要件
● 肯定的な注目と関心を参加者に与え、支持的な態度のモデルとなること ● 参加者の発言を結びつけ、参加者同士の交流の媒介となること ● グループのまとまりと包容力をつくるためにグループ全体を統制すること

や相談や診療に直接携わり、発達障害のある子どもたちの行動の特徴を経験として理解し、保護者の心情を共感的に理解できることが望ましいでしょう。ホームワークを実践しセッションを重ねていく過程で、参加者は発達特性と行動の問題とのつながりを理解し、子どもの状態、すなわち発達特性を深く理解していきます。それは障害を認識し受容する過程でもあり、ときには親としての落胆や悲哀が伴います（中田、2018）。ファシリテーターはそれぞれの子どもの特徴を参加者が正しく理解することを促すとともに、そのことに付随する親の心理的な困難さを理解することが求められます。

　そのほかの要件についても事前に準備ができていることが望ましいのですが、現実的には一人の専門家が最初からすべての要件を網羅していることは難しいでしょう。ファシリテーターの要件のなかには、プログラムを実施していく過程で学べることもたくさんあり、ペアレント・トレーニングの実践を通して少しずつ実力をつけていけばよいと思います。まずは躊躇せず始めてみることを推奨します。

サブファシリテーターについて

　ファシリテーターは1名でも可能ですが、タイムスケジュールの管理、資料の配付や回収、ロールプレイの指導など、補助のファシリテーターがいるとスムーズに運営でききます。

　特にペアレント・トレーニングをこれからも継続して実施する機関や施設で、複数の職員がファシリテーターになる予定ならば、補助のファシリテーターを経験した後、メインのファシリテーターを担当していくと、ペアレント・トレーニングの継続が容易となります。実施者の職種が異なる場合は、副産物として、ペアレント・トレーニングの機会が、専門領域を超えた交流の場となり、ペアレント・トレーニング以外の支援においても職種間の理解や協力のあり方によい影響を与えます。

　複数のファシリテーターがいる場合、プログラムの内容の説明、ホームワークの振り返りなどを担当するのをメインファシリテーターと呼び、補助的な立場を担うのをサブファシリテーターと呼びます。

　サブファシリテーターの主な役割を**表1-4**にまとめました。サブファシリテーターは、グループ活動を側面から支え、メインファシリテーターがプログラム内容の説明や、ホームワークの振り返りなどでの参加者との1対1対応に集中しているときなどに、グループ全体を観察し、質問のありそうな人や首をかしげて腑に落ちない様子の人などを見つけ、メインファシリテーターに伝え、できるだけすべての参加者がプログラムを理解し、ペアレント・トレーニングの実践に支障なく参加できるように配慮します。

表 1-4　サブファシリテーターの役割

担当する仕事
●テキストやホームワークやワークシートなどの資料の配付や回収 ●注意事項や連絡事項、プログラム内容の要点などの板書
メインファシリテーターの補助
●参加者全体に目を配り、各参加者の理解度、グループのまとまり方などを観察し、メインファシリテーターを補助する ●ロールプレイやワークの際に参加者への手助けや助言をする ●タイムキーパー的役割：その回のプログラムの内容と参加者の話し合いなどに要する時間を確認しつつ、時間調整の必要性がある場合、メインファシリテーターにその旨を伝える

3 簡易版プログラムの構造と主たる要素

　精研式プログラムは**表 1-5** のように 4 つのステップに整理されます。精研式プログラムで特に大切なのは、ステップバイステップで学ぶことです。子どもの行動の肯定的な面へのアプローチ（ステップ 1）から、子どもの行動の否定的な面へのアプローチ（ステップ 2 とステップ 3）へと進み、最後に子どもの行動に制限を与える方法（ステップ 4）へと進みます。ステップ 2 とステップ 3 は順序を変えてもかまいません。

　精研式プログラムのオリジナル版は、全体で 10 回または 11 回のセッションで実施します。隔週で実施すると、すべてのセッションが終わるのに半年ほどの期間が必要です。実施に半年を要すると多くの参加希望者が待機状態となります。多数の保護者の支援ニーズに応えるには、プログラム内容を精査してプログラムを凝縮し、実施期間を短縮する必要がありました。

　10 ～ 11 回で実施する精研式プログラムのオリジナル版には、汎用性が低いものやホームワークを実践するには隔週ではできない技法も含まれています。簡易版プログラムではそれらを除き、汎用性が高くまたエッセンシャルなものに絞りました。残した技法は、「行動を 3 つに分ける」「＜ほめる＞ことの具体化」「＜無視・待つ・ほめる＞の組み合わせ」「CCQ による指示（Calm、Close、Quiet の略で、穏やかに・近づいて・落ち着いた指示のこと）」の 4 つです。さらに簡易版プログラムではこの 4 つの技法のほかに、ADHD のみならず自閉スペクトラム症（ASD）の発達特性に対応できる

表 1-5　精研式プログラム（簡易版）の構造

		学習するテーマ	基礎にある理論	考え方と技法
Step 1 第 1 − 2 回		子どもの性格ではなく行動に着目する	行動変容理論の基本	行動の機能分析 行動を 3 つに分ける
		肯定的注目によって望ましい行動を持続させる	肯定的注目を好子とした望ましい行動の強化	＜ほめる＞ことの具体化
Step 2 第 3 回		望ましくない行動への否定的注目を取り去り、行動の小さなよい変化に肯定的注目を与える	分化強化（望ましくない行動への注目を取り去り、望ましい行動へは注目を与える）	＜無視・待つ・ほめる＞の組み合わせ ＜小さなよい変化＞を見つける
Step 3 第 4 − 5 回		指示の適切な与え方を学ぶ	親の感情コントロール	CCQ による指示
		指示をより有効にする具体的な対応方法を学ぶ	行動変容の技法やTEACCH の構造化理論	リマインダー、プロンプト、環境調整、構造化・機能分析など
Step 4 第 6 回		制限と罰の適切な与え方を学ぶ	嫌子による望ましくない行動の弱化	制限の与え方

＊TEACCH は Treatment and Education of Autistic and Related Communication Handicapped Children の略で、米国の自閉症に対する支援プログラムのこと。

ように、行動分析の考え方や TEACCH の環境調整・構造化の技法を加えました。**表 1-5** には各セッションで学ぶテーマと背景理論と技法を提示しました。

　なお、簡易版で省略した技法は「資料 2　その他の技法」として、巻末に一括して紹介しています。省略した技法の実施や 10 〜 11 回のフルバージョンで精研式プログラムを実施する場合は上林ほか（2009）を参照してください。

4　ペアレント・トレーニングのセッションの流れと留意点

　簡易版プログラムの詳細な説明については後述します。ここでは精研式プログラムを実施する際のセッションの大まかな流れと、セッションのなかの各区分（セグメント）の要点を記載します。

　各セッションはおおむね**図 1-1** のような 6 つのセグメントから構成されています。各セグメントに配分した時間は、参加者が 6 〜 8 名でセッション全体の時間が 120 分の場合を想定しています。実際には配分した時間どおりに進まないこともあります。そ

図 1-1　セッションの流れ

1　ウォーミングアップとテーマの説明	5分くらい
2　ホームワークの振り返り	30 〜 40 分
3　課題と技法の説明	15 〜 20 分
4　技法のロールプレイ	10 〜 15 分
5　アクションプランとホームワークの説明	30 〜 40 分
6　質問と感想カードの記入	5分くらい

の際は適宜セグメントの説明や質疑応答の時間などを調整します。参加人数や実施時間に制約がある場合は、【ホームワークの振り返り】と【アクションプランとホームワークの説明】のそれぞれに要する時間をおおよそ人数× 4 〜 5 分で概算して、全体の時間を考えるとよいでしょう。

（1）ウォーミングアップとテーマの説明

　このセグメントでは、参加者各自の好きな物やリラックス方法など自己紹介的な話をしたり、全員で簡単なゲームやストレッチのようなことをしたりして、参加者同士が親しみをもてるようにし、場の雰囲気を和らげます。ウォーミングアップでやることは、特に決まりはありません。グループワークに関する本や集団でのゲームを紹介した本などから、短時間で簡単にまた楽しくやれる活動を見つけるとよいでしょう。第 2 章では、筆者らがやっているウォーミングアップの例をいくつか紹介してあります。参考にしてください。

（2）ホームワークの振り返り

　各参加者が自分のホームワークを発表し、気づきや意見の交換をグループワークとして行います。ホームワークがうまくいかなかった場合、参加者は発表を躊躇しますが、失敗例も報告してもらいます。参加者がホームワークに失敗することは必ずしもマイナ

スではありません。失敗からいろいろな気づきが生じます。参加者が失敗も成功も率直に話すことができ、その経験を参加者全員で共有する雰囲気が大切です。

このセグメントは、参加者の実践の報告であるとともに、前回の【アクションプランとホームワークの説明】で、参加者が計画を立てる際のファシリテーターの助言が適切だったかどうかを確かめる時間でもあります。前回、参加者とファシリテーターとで十分に検討した結果が、どのように成功したかあるいは失敗したかを分析することによって、子どもの行動や発達の特徴、参加者とその家族の状況への理解が進みます。また、ファシリテーターが自らの助言が不十分だったことを率直に認め、それがホームワークの失敗の一因だったことを説明することは、参加者とファシリテーターの相互の信頼と協力関係を強めます。

（3）課題と技法の説明

このセグメントでは、そのセッションのテーマと技法について、演習を交えて講義します。演習は、そのセッションのテーマについて参加者が能動的に考えられるように用意してあります。演習での参加者の解答は必ずしも正解でなければならないということはありません。自分とは異なる意見をほかの参加者が述べるのを聞き、1つの問題や状況にいろいろな見方があることを参加者が知り、参加者の視野を広げることがねらいです。

ファシリテーターは講義のような一方的な説明にならないように、参加者に問いかけるような雰囲気と態度で実施するとよいでしょう。

（4）技法のロールプレイ

参加者が親役と子ども役になり、ロールプレイを通してそのセッションの技法を体験します。ロールプレイは次回までの約2週間で実践するホームワークの予行演習を兼ねています。ただし、ロールプレイで行ったことをそのままホームワークとして家庭で実践するわけではありません。参加者各自の子どもの発達の特徴やきょうだいの有無や配偶者の理解の度合いなど、それぞれの子どもと家庭の状態によってホームワークのターゲット行動の選び方や実施の仕方が異なります。ロールプレイは、実際に技法をやってみることで、自分の子どもだったらどんなふうに感じるか、自分の家庭だとどんなことが起こりそうかなどを想像する機会になります。

ロールプレイの後、参加者同士が子ども役や親役になって感じたことや気づいたこと

を互いに話し合うことが大切です。親役あるいは子ども役になって感じたことをフィードバックし合うことで、参加者はそのセッションで学んだ技法がそのまま使えるか、使うとしたらどの行動を対象にしてどのような状況で使うべきかを考えます。それは【アクションプランとホームワークの説明】で、セッションで学んだ技法をそれぞれの参加者に合ったやり方に補正するのに役立ちます。ファシリテーターは参加者間のフィードバックが活発に行われるように配慮しましょう。

(5) アクションプランとホームワークの説明

このセグメントでは、そのセッションで学んだ技法を参加者が自分の家庭で実施するための具体的な計画を立てます。ファシリテーターは一人ひとりの参加者とターゲット行動の選び方の是非や技法の実施方法について検討します。その際にグループ全体で共有したほうがよい内容や、ほかの参加者の意見を参考にしたいときには、グループワークに戻って全体に問いかけ、ほかの参加者の意見を聞きます。

このようにグループワークを挟みながら、それぞれの子どもの行動の類似するところや異なるところ、またそれぞれの家庭の事情によってホームワークの実施の仕方が異なることなどを、参加者が理解し合いながらアクションプランを進めます。自分の子どもとほかの参加者の子どもの特徴の類似と差異を確認していくことで、参加者はわが子の発達と行動の特徴をより深く理解していきます。

(6) 質問と感想カードの記入

感想カードの内容は、そのセッションで①理解できたこと、②わかりにくかったこと、③その他の感想や意見の3点です。質問紙に記入してもらう形で実施します。①の内容から誤解が生じていることがわかった場合や、②のわかりにくかったことについては、次回のセッションで説明の不十分さを補足します。

質問や感想は口頭で聴取することもできますが、記載してもらったほうが、参加者の理解度や気づき、子どもの発達や行動の問題に対する認知の変化を経時的に確かめることができます。それらを後のセッションの助言などに活用していきます。

また、ファシリテーターが自分の説明や助言や運営の仕方を冷静に振り返るのにも役立ちます。参加者がどのように理解したか、わかりやすくまた正確に伝えられたか、修正すべき点はないかなどを、感想カードに書かれた内容から積極的に読み取っていきましょう。

参考文献

・岩坂英巳・清水千弘・飯田順三ほか「注意欠陥／多動性障害（AD／HD）児の親訓練プログラムとその効果について」『児童青年精神医学とその近接領域』第43巻，第5号，483-497，2002.

・岩坂英巳編著『困っている子をほめて育てる ペアレント・トレーニングガイドブック（第2版）』じほう，2021.

・上林靖子監，北道子・河内美恵・藤井和子編『こうすればうまくいく 発達障害のペアレント・トレーニング実践マニュアル』中央法規出版，2009.

・厚生労働省（精神・神経疾患研究費）「注意欠陥／多動性障害の診断・治療ガイドラインの作成とその実証的研究：平成11〜13年度研究報告書」109-116，2002.

・中田洋二郎『発達障害のある子と家族の支援 問題解決のために支援者と家族が知っておきたいこと』学研教育みらい，2018.

・日本発達障害ネットワーク「発達障害支援における家族支援プログラムの地域普及に向けたプログラム実施基準策定及び実施ガイドブックの作成に関する調査報告書（令和元年度障害者総合福祉推進事業）」2020.
http://www.rehab.go.jp/application/files/5116/1155/2656/9b910a7f4729cc8fe4217f9e171f5ce6.pdf

・大隈紘子・伊藤啓介監，国立病院機構肥前精神医療センター情動行動障害センター編『肥前方式親訓練プログラム AD／HD をもつ子どものお母さんの学習室』二瓶社，2005.

・大隈紘子ほか「AD／HD の心理社会的治療：行動療法・親指導」『精神科治療学』第17巻，第1号，43-50，2002.

・Schopler, E. & Reichler, R. J. : *Parents as co-therapists in the treatment of psychotic children. Journal of Autism and Childhood Schizophrenia 1*, 87-102, 1971.

・山上敏子監『お母さんの学習室 発達障害児を育てる人のための親訓練プログラム』二瓶社，1998.

第 2 章

プログラムの実施方法

第 0 回

オリエンテーション

　本章では、スライドを用いたペアレント・トレーニングの進め方を説明します。最初に各セッション全体のテーマを述べ、その後、演習や教示の内容のまとまりごとに分け、それに関する一連のスライドを提示し、そのスライド群のねらいや教示方法や留意点などを＜ねらい＞＜教示例＞＜ポイント＞＜ Q&A ＞に分けて説明します。

　＜ねらい＞には、スライド群の目的を記載し、＜教示例＞には、スライドの内容等についてどのように教示するとよいかを例とともに記載し、＜ポイント＞には、演習や教示の際にファシリテーターが留意しておくとよいこと、またプログラムを実施する際のヒントとなることを記載してあります。＜ Q&A ＞には、スライド群の補足説明を兼ねてよくある質問とその回答を記載しました。

　なお、プログラムを実施する際に、必ずしもプロジェクターを使用しなくても構いません。プロジェクターを使用しない場合は、スライドの内容を、参加者用のマニュアルやテキストにしたものを口頭で説明していきます。その場合も上記の＜ねらい＞＜教示例＞＜ポイント＞＜ Q&A ＞の内容は変わりません。

　オリエンテーションでは、ペアレント・トレーニング実施の目的や効果、参加条件や守秘義務などを説明し、参加の心構えや参加態度の形成を促します。これらの目的や参加条件などは、支援者や支援機関によって異なることがあります。ここでは筆者が実施しているペアレント・トレーニングを例として説明していますので、それぞれの支援者や支援機関の事情に合わせてアレンジしてください。

始めるにあたって

🔍 ねらい

　それぞれの支援者や支援機関で、ペアレント・トレーニングを実施する事情や目的が異なります。支援者・支援機関として参加者に伝えたいことを、このスライド群で説明します。

　ペアレント・トレーニング実施の導入として、プログラムの目標や目的を説明しま

す。参加者のペアレント・トレーニングへの過度な期待や誤解を避けるために、実現可能な効果について事前に伝えます。事前に参加者の出席・欠席、実施時間の都合に関してその時点でわかる範囲で確認し、ホームワークの実施が重要なことを伝えると同時に、無理せず最後まで参加することが大切であることを伝えます。

💡 教示例

　まず、簡単なスタッフ紹介を行います。第1章で述べたこのプログラムの作成の経緯と、自身のペアレント・トレーニングの実践歴を簡単に説明します。なお、ペアレント・トレーニングの参加者同士の紹介は後で行います。

　スライド①では、ペアレント・トレーニングを実施する目的を説明します。単にスライドを読み上げるだけでもよいのですが、筆者は保護者自身の行動を変えることによって子どもの行動が変わり、子どもが自信をもって生活できるようになり、発達特性のある子どもの思春期の問題の予防となることを強調しています。それぞれの実施目標にそって、この部分は修正してください。

　スライド②は、ペアレント・トレーニングの効果として期待できること、できないことの説明です。スライドを読み上げ、「期待できないこと」については後述する**ポイント❸**を参考に、障害と発達特性の関連について説明します。

　スライド③では、次のように説明します。子どもの病気や行事などのために、全回出席できない参加者が必ずいます。また、参加者自身の体調や気分のためにホームワークの実施が困難となることもあります。そのため、すべての回の出席とホームワーク実施の徹底はあくまでも原則で、休んでしまったり、ホームワークがうまくできないために、次の回の出席を躊躇したりしないように、欠席した際は適宜フォローすることを伝え、参加し続けることを促します。

　次に、全体の日程を説明します。参加者によって欠席する日や、遅刻や早退の予定が事前にわかっていれば、日程の説明の際にそれを確認しておくとよいでしょう。また、各セッションが必ずしも時間どおりに終了できないこともあります。その場合のために、参加者に終了時間の厳守が必要か、あるいは何分まで延長が可能かを聞いておくとよいでしょう。

　最後に、欠席や遅刻などの際の連絡方法を説明します。

①

はじめに
ペアレント・トレーニングは、子ども
の行動の問題への正しい対処方法を学
び、子どもの不適切な行動を減らし適切
な行動を増やすことで、子どもが自信を
もって生活できるようにすることを目的
としています。

②

ペアレント・トレーニングに期待できること
①子どもの行動の特徴を理解し、よい行動を増やせます。
②困った行動を減らす方法を学び、毎日のトラブルを少な
　くします。

期待できないこと
①発達障害やその特徴の主症状を治すことはできません。
②実践なしでは、効果は生じません。

③

ペアレント・トレーニング参加の原則
①6回参加が原則です。

②無断欠席や遅刻をしないことが原則です。

③ホームワークは必ずやりましょう。
　ただし、身体と心の調子によっては無理をしてはいけま
せん。

🌸 ポイント

❶ これからペアレント・トレーニングを始めるにあたっての導入です。参加者もスタッ
フもどちらも緊張しています。スタッフは早く緊張を解こうとしがちですが、ある程
度の緊張感があるのは自然なことです。焦りは互いの緊張を強めます。ファシリテー
ターは無理に緊張を解こうとせず、用意した説明内容を淡々と話すのがよいで
しょう。

❷ このプログラムを通して、保護者が親としての自信を回復し、子どもの行動が変化す
ることが、これまでの実践で実証されています。このプログラムを学習することが、
子どもの行動を変えるうえで効果的であることを踏まえて、ファシリテーターは自信
をもって説明しましょう。

❸ プログラムの効果の限界について説明する際には、支援者に次のような理解と認識が
必要です。従来、「障害は治らないもの」という考え方が主流でした。しかし現在で
は、障害による困難さは環境や周囲との関係で変化し、環境の整備や周囲の人々の障

害に対する正しい認識があれば、障害はその人の個性と考えられる程度に軽減すると考えられるようになりました。「障害をなくしたい」「普通の子どもにしたい」という保護者の思いを受け止めつつ、障害は必ずしも固定したものではなく、環境や周囲の人々との関係によって変化することを説明しましょう。

❹今後のプログラムの日程を話すときは、各回の内容を簡単に説明すると同時に、第1回から第6回まで段階的に進むことを強調しましょう。参加者のなかには、子どもの困った行動を早く改善したいという気持ちから、後半の内容を先に知りたいと思う人がいます。子どもの困った行動への対応には、まず前半の回で子どもとの関係をよくするためにほめる方法を学ぶ必要があることを説明し、ステップバイステップで学習していくことが大切であることを伝えます。

Q&A

障害にかかわる心理教育

Q ペアレント・トレーニングと発達障害の関連など心理教育的な内容をこの段階で話すのはどうでしょうか？

A 簡易版では、発達障害や家族支援に関する心理教育のステップを省きました。もし必要なら、実施する支援目的や支援機関の性質に合わせて発達障害に関する説明スライドなどを追加して、心理教育を行うのがよいでしょう。

欠席者への対応

Q 欠席した場合やホームワークができなかった場合はどのようにすればよいでしょうか？

A 欠席者への対応の仕方は、実施者と参加者の事情によって、また欠席した回で学ぶ内容によって対処方法が変わります。可能ならば次の回までの間に個別に対応するか、次回の開始前か開始後に個別に時間をとって補習します。それが難しい場合は、次回のホームワークの報告の時間に、欠席した参加者にも前回の内容がわかるように説明を加えながら進めます。それは前回出席した参加者にとっても前回の学習内容の復習になります。欠席

した参加者には、ほかの参加者のホームワークの報告を聞くことによって追いつくことが可能なことを伝え、欠席の理由を中立的な態度で聞き取り、参加意欲を保てるようにするとよいでしょう。

第 1 回

大切なことは３つ

第 1 回のセッションは、ペアレント・トレーニングの全過程を通してもっとも重要な 3 つの要素、[性格ではなく行動を見る][注目にはパワーがある][行動のつながりをほどく]について説明します。これらは、いわばプログラム全体の骨幹となる考え方です。今回で完全に理解するのではなく、全セッションが終了するまでに少しずつ理解を深めていくのがよく、この回ではその大切さを参加者に知ってもらうのが目的です。そのため参加者が体験的にその大切さを理解できるように工夫してあります。

ウォーミングアップとテーマの説明

🔍 ねらい

毎回**スライド①**のような全体の目次を提示し、その回で学ぶ内容を簡単に説明し、参加者にその回の流れの見通しをもってもらいます。

第 1 回は、ウォーミングアップはなく、その代わりに自己紹介を行います。自己紹介は、参加者同士の関係づくり、特にピアサポートが生まれるきっかけとなります。子どもの長所・短所やペアレント・トレーニングの参加理由は、多くの参加者に共通性があり、「子育てに悩んでいたのは自分だけではなかった」「ほかにもうちの子と同じような子がいるのだ」など、自己紹介が進むにつれて次第に孤立感や罪障感が和らいでいきます。

①

第 1 回　大切なことは 3 つ

1. 自己紹介
2. 大切なことは 3 つ
   (1) 性格ではなく行動を見る
   (2) 注目にはパワーがある
   (3) 行動のつながりをほどく
3. ホームワークの説明
4. [家族の皆さんへ]の説明

②

自己紹介の内容

① ご自身のお名前
② お子さんのお名前、ニックネーム、年齢・学年、性別
③ きょうだいの有無、年齢、性別
④ お子さんの長所・短所
⑤ ペアレント・トレーニングに参加した理由

💡 教示例

　参加者が進行を理解できるように、**スライド①**で各回の流れを説明します。

　次に、**スライド②**を提示して、自己紹介の進め方を説明します。自己紹介は、この回で参加者がもっとも緊張する場面です。次のポイントを参考にして進めましょう。

💠 ポイント

❶各回の内容の事前説明では、その回で学ぶことについて簡単に伝えます。例えば、[2．大切なことは3つ]については、「この3つの考え方はすべての回を通して大切なことですが、この回で完全に理解しなくてもいいですよ。これからのセッションを通して少しずつ理解が深まり、実際にも身についていきます。第1回目では『この3つが大切なんだな』と思えるくらいでいいですからね」というような感じです。各回の流れの理解は、参加者に進行の協力を促すのにも役立ちます。

❷自己紹介を実施すると、参加者のなかには緊張のあまりうまくしゃべれなかったり、逆に多弁になったり、自分の感情を抑えきれず涙ぐんだりする人がいます。最初に自己紹介する参加者の態度と内容は、その後の自己紹介に大きな影響を与えます。参加者が既知の人であれば、落ち着いて適切な自己紹介ができそうな人から始めるとよいでしょう。筆者は、筆者自身の自己紹介から始め、紹介内容や時間の長さのモデルにしてもらうようにしています。ただし、ファシリテーターの自己開示がプログラム運営に影響しない内容で行うことは大切です。

❸自己紹介で、グループの共感性が過度に高まると、参加者が情緒的になり、涙ながらの自己紹介になったりすることがあります。ファシリテーターはその対応に戸惑いますが、次のようなことを意識し落ち着いた態度で淡々と受け止めましょう。

・その参加者の感情が落ち着いたところで、参加者の自己紹介の内容を簡単にリフレインし、プログラムの進行の都合で先に進むことを伝える。例：「〇〇というお話でほかの参加者の方も共感していらっしゃいました。共通する話題ですが、今回はそこまでにして、時間の関係で次の方に進みますね」

・リフレインの際、参加者の情緒に焦点を当てるのではなく、事実や行動に焦点を当てて繰り返すことが大切。例：×「周囲に理解してもらえないのは、つらいことですね」→〇「学校の先生は〇〇君が故意に乱暴していると誤解したんですね」

・個別のカウンセリングではカウンセラーがクライエントの感情を受容したり共感したりすることが大切だが、ペアレント・トレーニングのファシリテーターは参加者

の話す内容を共感的に理解する範囲に留めるほうがよい。

- ペアレント・トレーニングで受容や共感に力を入れすぎると、ファシリテーターが参加者の感情を扱うことになり、プログラムの本題から話題がそれて、その後のプログラムの進行を妨げる要因になりかねない。
- 回が進みグループがまとまり始めると、自然と参加者同士の受容的・共感的なかかわりが生まれるので、情緒的な共感はグループのピアサポート的機能に委ねるとよい。

自己紹介の内容

Q ほかのペアレント・トレーニングの本では、ペアトレはポジティブさが大事なので自己紹介では子どもの長所だけで短所は紹介しないと書いてあったのですが、短所を紹介してもいいのですか？

A 筆者もペアレント・トレーニングを実施し始めたころは、長所だけを言ってもらうようにしていました。しかし、多くの参加者が困っていることを話さずにはいられず、子どもの長所だけを紹介させることがとても不自然でした。それに短所と長所は裏表になっていて、長所を紹介しているつもりで、短所について話す人もいます。短所を話すことで参加者の関心がネガティブな方向に向かないように、自己紹介の雰囲気をファシリテーターがコントロールできれば、短所を紹介することは参加者同士がそれぞれの困難さを理解するのに役立ち、悪いことではありません。もちろん、長所に絞った自己紹介でもまったく問題はありません。

大切なことは３つ

性格ではなく行動を見る：教示

 ねらい

保護者は日々の子どもの問題と戦っているため、どうしても子どもを否定的にとらえがちになり、「だらしない子」「あわてんぼう」「へそ曲がり」など、子どもの行動の問

題を子どもの性格が悪いようにとらえがちです。[性格ではなく行動を見る]では、このような子どもの問題のとらえ方を変え、性格と行動の問題を切り離して考える基礎をつくることがねらいです。特に行動を観察することの意義を理解してもらいます。

💡 教示例

参加者に［第1回ワークシート1：性格ではなく行動を見る］（106頁参照）の用意と該当部分への記入を促します。まずワークシートの［①お子さんの長所を書いてください。］の欄に、自己紹介で述べた子どもの長所を書いてもらいます。

ワークシートに子どもの長所を書き終わったところで、**スライド①**と**スライド②**を提示します。これらのスライドは、過去のペアレント・トレーニングで子どもの長所を「やさしい」と言った2人の参加者の例です。それぞれの参加者にやさしい行動は何かと聞いた際の答えと、その答えをさらに具体的に聞き取った際の内容が**スライド①**に記載されています。スライドを読み上げ、性格は同じ「やさしい」でも行動として見ると異なることを説明します。筆者の場合は「性格をほめるときには、＜やさしいね＞とか

①
**長所が「やさしい」2人のお子さん
どうほめますか？**

A くんの場合：妹を遊びに誘う
昨日友達が遊びにきたとき、公園で鬼ごっこをするので、妹を遊びに誘った。

B ちゃんの場合：肩をたたいてくれる
パートの日はいつも私の肩をたたいてくれる。
昨日も夕食の後でテレビを見ながら肩を動かしていたら、私の後ろに回って、肩をたたいてくれた。

②
**長所が「やさしい」2人のお子さん
どうほめますか？**

A くんの場合：妹を遊びに誘う
「今日、○○ちゃん（妹）を鬼ごっこに誘ったんだって。すごく喜んでたよ」

B ちゃんの場合：肩をたたいてくれる
「ありがとう。おかげで肩が軽くなって、明日もがんばろうって気持ちなれるわ」

③

性格ではなく行動を見る

行動をほめると、子どもは自分のよい
ところをより具体的に理解できます。

＜ありがとうね＞ということが多いのですが、行動をほめるとしたらほめ方が異なります。皆さんはどうほめますか？」と問いかけ、行動に着目したほめ方を考えるように、参加者に促しています。**スライド②**は行動をほめた例です。スライドの内容を読み上げて、＜やさしい＞という性格を行動にしてみると、それぞれのほめ方が異なることを確認します。

　スライド③を提示して、行動をほめるほうが子どもは自分がほめられる理由がよりわかり、適切な行動は何かが理解しやすいことを説明し、行動を観察することの意義と行動をほめることの大切さを示唆します。

🌼 ポイント

❶ ワークシートの［①お子さんの長所を書いてください。］の欄は先ほどの自己紹介の内容を書くだけですが、どう書いてよいのか迷う参加者や長所を全部書こうとする参加者がいます。このワークは性格を行動に書き換える練習なので、自己紹介した内容のなかから1つだけ選んで記入するように促します。

❷ ワークシートに「やさしい」と書いた参加者がいないか尋ねるのもよいでしょう。たいてい1人か2人くらいの参加者が手をあげます。それを受けて、スライドの例を説明するほうがより参加者の関心が高まります。

❸ 2人の子どもの例を提示した際の「皆さんはどうほめますか？」の問いかけは、参加者に自分で考える間合いを与えるための教示であり、必ずしも応答を期待するものではありませんが、その際に積極的に回答しようとする雰囲気が参加者にあれば、スライドを提示する前に参加者からの発言を受けてもよいでしょう。参加者の回答が行動をとらえたほめ方であれば、「やさしいね」とほめられるのと違って、子どもが何をほめられているかがより具体的に伝わることを、その回答を用いて共有し、**スライド②**の内容を例として提示します。

❹ このスライド群の最後に、日頃の子どもの行動を観察することが大切であること、ほめるためだけでなく、「困った問題を解決するにも行動を観察することは大切である」と説明し、3回目以降のセッションの内容にもつながることを予告するのもよいでしょう。それによって、子どもの行動を観察する意欲も高まります。

性格ではなく行動を見る：演習

🔍 ねらい

　自分の子どもの長所を行動として書き換えることによって、行動を観察し、それを記述するコツを参加者に身につけてもらいます。

💡 教示例

　スライド①は、長所を行動として記載するときのヒントです。この内容を説明します。

　［第1回ワークシート1：性格ではなく行動を見る］（106頁参照）の［②　①に書いたお子さんの長所を、具体的な行動として書いてください。］の欄の記入を促します。

　長所を行動として全員が書き終わったら、各参加者がどのように書いたかを報告してもらい、行動として記載されているかどうかを確認します。

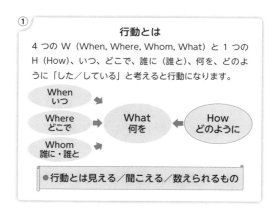

　ワークシートの記載内容を全体で共有し終わったら、［③　②に書いた行動をあなたはどんなふうにほめますか？］の欄を記入するように促します。行動をほめるのは次回のテーマなので、子どもの行動をどのようにほめるか、記入内容を参加者一人ひとりに報告してもらう必要はありません。この段階では書き方がわからない、「これでよいのか」と自信がないなど、参加者が戸惑っている様子であれば、適宜アドバイスする程度に留めるのでよいでしょう。

⚙️ ポイント

❶参加者が長所を行動として書き直す際には、参加者が記入する様子を観察します。［②①に書いたお子さんの長所を、具体的な行動として書いてください。］の欄の記入は、所要時間にかなり個人差があります。各自の様子を見ながら、行動としてのとらえ方が難しい人には**スライド①**のヒントを実際に使って、ファシリテーターが、そのことは「いつ」「どこで」「誰に対して」「どのように」起こりますか？　と１つずつ尋ね、長所を行動として記述するのを援助し、演習への取り組みを励まします。

❷ファシリテーターは発表に要する時間を考慮して［③　②に書いた行動をあなたはどんなふうにほめますか？］については、時間が押しているときは書き終えた参加者ごとに記述内容を個別に確認していく、時間にゆとりがあるときは全員が書き終えた段階で記述内容を発表してもらう、このどちらかを選択するとよいでしょう。時間がとても押しているときや、参加者の数が多いときには、2、3人の参加者のみに報告してもらい、修正の仕方などを全体に説明するとよいでしょう。

❸行動が［いつ・どこで・誰と（誰に）・どのように］の要素で具体的に記載されていることが理想ですが、参加者を萎縮させないために、この段階では曖昧でも、ある程度記述されていれば、その記述内容を肯定します。行動を見ることはこの後のセッションでも続けていきますので、参加者は次第に子どもの行動を観察し行動を見ることが習慣となります。

注目にはパワーがある：教示と演習

🔍 ねらい

　子どもの行動を観察することの意義が理解できると、次に大事なことは、関心の向け方と注目の与え方による子どもの反応の違いを知ることです。例えば肯定的な関心をもって子どもを見るか、「また何か悪いことをするのではないか」といった否定的な関心をもって子どもを見るかによって、子どもの行動はよい方向にも悪い方向にも変化します。子どもの行動に注目すること自体がその行動を強化し、その注目の仕方によって子どもの行動をコントロールすることができることを、参加者が理解するのがねらいです。

　スライド①の内容を読み上げ、＜ねらい＞の主旨を説明します。例えば2、3歳の子どもは親がちょっとでも関心を示すと調子にのって何度でも同じことをすることなどを話し、子どもは親の関心を常に求めていることを理解してもらいます。否定的な注目は、きょうだいや夫婦の口げんかを例にして、互いが相手の言うことに関心を示している限り、口げんかは続くことから、否定的な注目が悪い行動を持続させることを説明し

①

注目にはパワーがある。

☆子どもは親の注目を求めています。
☆注目には肯定的な注目と否定的な注目があります。
☆肯定的であっても否定的であっても、親の注目は
　その行動を持続させ増やします。

②

ロールプレイ A

さーあ、これからお着替えだね。
パジャマ脱ごうね。
今度はお洋服を着る番だね。
ズボン履けたね。
今度は、上着だね、・・・・おそで、通ったね。
ボタンの穴見つかるかな。
あっ、見つけたね。ボタン入るかな。
入ったね。そうそう、みんな入ったね。
お着替えできたね。

③

ほめるとは「できている行動を言葉にする」

「実況中継」

④

ロールプレイ B

保育園に行く日だよ、早くお着替えしなさい。
もう着替えた？
まだ、パジャマなの。
いつまで、ボタンはめるのに、かかってるの！
モタモタしないの、
シャツが後ろ前だよ、いいかげんに覚えなさい。

⑤

否定的な注目は、嫌な気持ちを強め、
その結果、よくない行動を続けさせます。

そういうときは、
感情を抑え、
あなたの否定的な注目を
取り去る努力をします。

ます。

　次に、肯定的な注目と行動の関係を理解するための演習を行います。参加者に４歳の子ども役になってもらい、ロールプレイ A を行います。参加者に目を閉じてもらい、**スライド②**を子どもに語りかけるような調子で読み上げ、パジャマから洋服に着替える場面をイメージしてもらいます。

　それが終わったら、参加者に目を開いてもらい、肯定的に語りかけられることに対する感想を述べてもらいます。**ポイント②**のように肯定的感想が述べられたところで**スライド③**を提示し、肯定的注目を与え続けることによって行動が続くことを共有し、［ほめるとは実況中継でよい］ことを伝えます。

　スライド④では、否定的な注目が悪い行動を持続させることを体験するためにロールプレイ B を行います。ロールプレイ A と同じように参加者に目を閉じてもらい、参加者に着替えをしてもらいます。**スライド④**はせかすような感じで読み上げ、着替えをイメージしてもらいます。

　ポイント④のような否定的感想を受け、**スライド⑤**を提示し、否定的な注目が悪い行動を持続させることを説明します。

ポイント

❶ロールプレイ A では、ファシリテーターはスポーツの実況中継を行うアナウンサーのように、適当にアドリブをいれて、参加者の着替えの様子に合わせて声をかけてください。

❷ロールプレイ A の参加者の感想は、声かけのタイミングが合わないと「せかされている感じがする」などネガティブな感想もたまにありますが、おおむねは「見てもらっている感じがして安心」「次にやるべきことがわかる」「着替えを続ける気になる」などポジティブな感想が多く語られます。それらの感想を拾って、子どものできている行動を言葉にすることによって行動が持続すること、見守られていることが伝わるだけでも子どもはほめられた感じがすることを説明します。

❸［実況中継でよい］という説明によって、発達障害のある子どもの保護者にとって難しい［ほめる］という行為のハードルが下がり、参加者の気持ちが楽になります。

❹ロールプレイ B はロールプレイ A の逆で、否定的な注目が悪い行動を強めることを体験するのがねらいです。**スライド④**を読む際は、ファシリテーターは、着替えに手間どり保育所に遅れそうといった状況を思い浮かべて、アドリブを交えながら途中か

ら声を荒げたりします。参加者は、その前に肯定的な注目での着替えを体験していますので、このロールプレイでは「着替えたくなくなった」「（ファシリテーターの声かけを）聞きたくなくなった」など否定的な感想を述べます。ファシリテーターは、否定的な注目を与えることが［スムーズに着替えないという行動］を持続させ、［しぶしぶ着替えをする］［着替えをやめてしまう］などの悪い行動となることを説明し、第3回のセッションでさらに詳しく学ぶことを伝えます。

行動のつながりをほどく：教示

 ねらい

　このスライド群の内容は、応用行動分析でいえばABC分析や機能分析にあたります。行動のつながりをほどくことによって、子どもの行動のなかの［できていること］と［できていないこと］が明確になること、行動と前後の環境やほかの人とのかかわり方の関係をほどくと解決方法が見つかること、それによって子どもをほめることができ、子どものよい行動が続くことを参加者が理解するのがねらいです。

教示例

　スライド①で、着替える際に必要な行動や事柄を参加者に尋ねます。その回答を受けて［さまざまな行動が連なって着替えという大きな行動になっていること］を説明します。次に**スライド②**で、着替えに関して参加者の子どもが苦手だったことを尋ねます。

① **行動のつながりをほどく**
1つの行動に思えても、それは小さな行動がつながって大きな行動になっています。

例えば、着替えがそうです。
着替えにはどんな行動がつながっていますか？

② **お子さんが着替えを覚えるとき、次のようなことが苦手だった方はいませんか？**

◆そで通し
◆ボタンかけ
◆洋服の後ろ前
◆洋服の裏返し
◆靴下のかかと合わせ
◆靴紐の結び

　それを受けて、**スライド③**でボタンかけを例とし、**スライド④**を使って、［ボタンかけの苦手さが、巧緻性や注意力の困難さなど異なる行動のつまずきによって起きている

③
「着替え」にはたくさんの行動がつながっています
　◆パジャマのズボンを下す
　◆パジャマのボタンをはずす
　◆パジャマの上着を脱ぐ
　◆ズボンを履く
　◆ズボンの後ろ前を確認する
　◆シャツの裏表を確認する
　◆シャツのそでを通す
　◆シャツのボタンをかける
　◆靴下をはく
　◆靴下のかかとを合わせる
　◆etc.

例えば、ボタンかけが苦手だとします

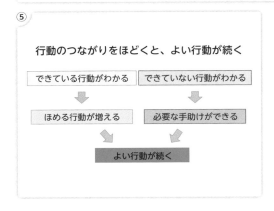

これらの行動のなかで、できている行動とできていない行動を整理しましょう

④
行動のつながりをほどくと

●子どもができる行動とできていない行動がわかります。

●できている行動はほめます（⇒実況中継）。

●できていない行動には適切な手助けをします。

うちの子は着替えができない

↓ ほどく

うちの子はボタンかけが苦手

↓ ほどく　　　　　　　　　　　↓ ほどく

かけ違いに気づかない	ボタンを穴にいれられない

↑　　　　　　　　　　　　　　↑

見えない穴のボタンは親がかける	ボタンとボタン穴を大きくする

⑤
行動のつながりをほどくと、よい行動が続く

できている行動がわかる	できていない行動がわかる

↓　　　　　　　　　　　　↓

ほめる行動が増える	必要な手助けができる

↘　　　　　　　↙

よい行動が続く

こと、それぞれの行動には異なる対応が必要なこと］を説明します。さらに、［大きな行動はそれを構成する小さな行動のつながりからなっていて、行動のつながりをほどくと、子どもの［できている行動］と［できていない行動］が理解できること］、**スライド⑤**を提示し、［［できている行動］が見つかればほめることが増え、［できていない行動］が見つかれば手助けが必要なことがわかり、適切な手助けをすることで子どもの適切な行動が中断されず、結果として子どもをほめることができる］ということを説明します。

🔷 ポイント

　発達特性のある子どもは、着替えの途中でほかに気がそれたり、細かい作業が苦手だったり、ズボンの後ろ前や靴の左右の区別がわからなかったりなど、さまざまな困難性をもっています。このような着替えにかかわる行動のつまずきは、多くの参加者が経験しています。参加者がわが子の幼い頃の様子を思い起こしながら説明を聞けるように、ファシリテーターは「あなたのお子さんにも同じようなことはありませんでしたか？」と問いかけるような気持ちで、また参加者が「うちの子もそうだった」と思い起こす間合いを考慮して、スライドの内容を教示するとよいでしょう。

行動のつながりをほどく：演習

🔍 ねらい

　このスライド群は発達障害を対象としたペアレント・トレーニングの基本的コンセプトである、行動理論の考え方を伝えるために使用します。応用行動分析（ABC 分析）の考え方に基づいて、環境や親のかかわりが子どもの行動にどのように結びついているかを、参加者に考えてもらいます。

　行動理論の説明はどうしても概念的になりがちです。そのため、参加者は理解しにくいようです。そこで、多くの保護者が経験する学校の準備という身近な例を題材にして、子どもの行動のきっかけと親の行動の関係について、クイズ形式で参加者に考えてもらうのがねらいです。

① **たけし君が着替えをしないのはどうしてでしょう？**

> 例：小学3年のたけし君は、朝、自分で着替えをしません。
> 　　洋服はソファに用意してあるのに、パジャマを脱いで、そのままコタツに入ってしまいます。いつまでも着替えないので、学校に遅刻しそうになります。
> 　　結局、毎朝お母さんが代わりに着替えさせています。

①行動と環境の関係をほどいて、「きっかけとなる状況」が何か考えましょう。
②たけし君とお母さんの行動の関係をほどいて、「行動が続く要因」が何かを考えましょう。

きっかけとなる状況	問題となる行動	行動が続く要因
コタツがあるのでパジャマを脱いでそのまま入る	着替えをしない	自分で着替えなくても、お母さんが着替えさせてくれる

部屋の環境とたけし君の行動の関係は？

たけし君とお母さんの2人の行動の関係は？

② **たけし君が着替えをしないのはどうしてでしょう？**

- ●行動の前と後には、その行動が持続するきっかけと原因がある
- ●前と後のきっかけと原因を変えると、真ん中の行動が変わる

> たけし君が着替えるようになるために、あなただったら、「きっかけとなる状況」や「行動が続く要因」に対して、どのようなことをするとよいと思いますか。

きっかけとなる状況	問題となる行動	行動が続く要因
コタツを片づけ、洋服をパジャマを脱ぐところに用意する	コタツに入らず、パジャマから洋服に着替える	起床時間を10分早くして、着替えるのを見守り、必要なら手助けをする

環境を整える

誤った学習を修正する

教示例

　[第1回ワークシート2：行動をほどく]（107～108頁参照）に、着替えがスムーズに進まないために遅刻しがちになってしまう子どもの様子がイラストと文章で掲載されています。この子が着替えをしない［きっかけとなる状況］とその［行動が続く要因］をワークシートに記入してもらいます。

　何人かの参加者に意見を尋ねて、そのなかの［コタツに関すること］［着替えの洋服が子どもの動線から外れたところに用意してあること］［親が代わりに着替えさせることで子どもが自分から着替えなくなっている］といった言及を受けて、**スライド①**を提示して、環境と子どもの行動の関係、子どもの行動と親の行動の関係を説明します。

　そして、それぞれの対応方法についてクイズ形式で尋ね、その回答を受けて**スライド②**で対応例を示します。

ポイント

❶クイズ形式の場合、参加者は自分の答えの正否を気にしがちになります。ファシリテーターは、参加者の回答がどのようなものであっても、「それは間違っています」といったような否定や批判的な応答はせず、「なるほどそうですね」「それは、私は気づかなかったですね」など中立的に聞き取りましょう。

❷ファシリテーターが保護者の言動に対する否定的評価や批判的な意見を控えるのは、ペアレント・トレーニングのすべてのセッションで共通するグループワークの基本です。グループのまとまりを強めることや参加意欲を損なわないためのコツであるとともに、精研式プログラムが大切にしている、親が肯定的注目で子どもに接することの見本にもなります。ファシリテーターはそのモデルとなりましょう。

ホームワークの説明

ねらい

　［行動を3つに分けましょう］は、精研式プログラムのもっとも重要なホームワークです。このホームワークの実践を通して参加者が子どもの行動を客観的に観察し、子どもの行動のなかでほめる対象となる行動、また困った行動をより具体的に整理できるようになることがねらいです。

💡 教示例

　[第1回ホームワーク：行動を3つに分けましょう]（109頁参照）を使用します。[ホームワーク：行動を3つに分けましょう]には、行動としての記載の仕方が詳しく説明してあります。その内容を読み上げて、ホームワークのやり方を説明してください。

　説明と質疑応答の後、ホームワークの記録用紙を開いてもらい、一番上の行の［増やしたい行動］［減らしたい行動］［やめさせたい行動］の欄に1つずつ行動を記入してもらい、ホームワークの練習をします。書いた内容を個別に確認し、**ポイント❶・❷**のように、必要に応じて書き方を助言します。

　全員の記入内容の確認が終わったら、ホームワークの提出方法と提出期限を確認します。

🔧 ポイント

❶困った行動の記入では、参加者が「〜しない」と表現することが頻繁にあります。そう表現するしかほかに書きようがない場合以外は、できるだけ「〜していて、〜しない」などと書きなおすことを促しましょう。そのほうが具体的な対応方法が見つかりやすくなります。

❷［減らしたい行動］と［やめさせたい行動］を分けて書くことが難しい参加者がいます。参加者の心情としては、困った行動は減らしたいというよりもなくしたいことなので、困った行動はすべて［やめさせたい行動］の欄に書きたいくらいなのです。ワークシートの説明に書いてある内容を伝え、［やめさせたい行動］は自傷・他害・公共の場でしてはならないことであり、それ以外は［減らしたい行動］の欄に書くように促し、それでも［やめさせたい行動］に書きたい様子なら、「それぞれ人や家庭によってやめさせたい行動に違いがありますから、どうしてもやめさせたい行動の欄に書きたいものはそこに書いてもいいです」といって許容しましょう。

❸ホームワークの提出期限は、支援者や支援機関の都合で決めます。次回に持参してもらうこともできますが、事前に提出してもらうとホームワークの内容を確認・整理でき、各参加者の実践に対する的確なコメントを提供するのに役立ちます。筆者はオンラインペアレント・トレーニングを実施するようになってから、事前にホームワークを写真にとってもらい、メールで送ってもらっています。ただし、セキュリティ上の注意が必要です。詳しくは第3章（103頁）を参照してください。

［家族の皆さんへ］の説明

ねらい

　ペアレント・トレーニングを長年実践してきた経験では、発達障害あるいは発達特性に対する家族の理解は高まり、家族の同意あるいは賛成を得て参加する保護者が増えています。しかし、いまだに家族が子どもの発達特性を認めない、ペアレント・トレーニングの参加に反対という状況で参加する保護者もいます。

　そのような状況でペアレント・トレーニングに参加される保護者のために、参加者の家族向けパンフレット（資料3「家族の皆さんへ」（135〜137頁参照））を作成しました。パンフレットには、ペアレント・トレーニングの目的やプログラムの内容がコンパクトに記載されています。パンフレットの趣旨は、参加者がホームワークを家庭で心置きなく実践できるように、ほかの家族に理解と協力を要請するものです。パンフレットの最後のページの［家族の皆さんへのお願い］には、参加者の家族に参加者のペアレント・トレーニングの実践を見守っていただきたいと記載されています。参加者が自身の家族の協力を要請することを促すのがねらいです。

教示例

　家族向けパンフレットを手元に用意してもらいます。家族の方々にこのパンフレットを見てもらうように促します。最後のページを読んで、家族の協力のお願いの主旨を説明します。

　それが終わったら、感想カードに、この回に対する意見や質問などを記入してもらいます。

ポイント

❶ペアレント・トレーニングに対する家族の理解や協力の度合い、特に子どもの発達特性についてどのように理解し、また子どものしつけに対してどのような意見をもっているか、それらはそれぞれの家庭によって大変異なります。その状況を確認します。

❷家族の理解度は、参加者のホームワークの実施のしやすさやホームワークの結果の成否に影響します。また、ファシリテーターがそれぞれの参加者の家庭状況を理解しておくことは、ホームワークのターゲット行動を決めるのにも役立ちます。ファシリ

テーターの態度として大切なことは、よい家族、よくない家族というような家族の評価は控え、家族の協力が得にくい状況であっても参加者がペアレント・トレーニングに参加したことを勇気づけることです。

❸家族がペアレント・トレーニングによい印象をもっていない場合、その家族に家族向けパンフレットを読んでもらうこと自体が難しいという参加者もいます。その場合は「ご家族が目にするところに何気なく置いておいてください、ひょっとすると読んでくれるかもしれません」と助言します。ペアレント・トレーニングは隠れて参加するものではなく、親として堂々と自信をもって参加してほしいと思うからです。

Q&A

子どもへのプログラム内容の開示

Q 家族向けのパンフレットを子どもが見てしまって、親がやっていることを知ってしまうと、ホームワークがやりにくくならないですか？

A オリジナルの精研式プログラムには、［ブロークンレコード］と呼ばれる、同じ指示を溝が壊れたレコードのように繰り返す技法があります。このような技法は、こちらの手のうちが相手にわかってしまってはうまくいきません。しかし、「簡易版プログラム」にはそのような技法はありませんので、あえて子どもに内緒にする必要はありません。

このような質問を参加者からされた場合、筆者は、子どもに親がペアレント・トレーニングに参加しホームワークを実施していることを伝えてもよいと答えています。参加者には「『自分自身の行動を変えるためにペアレント・トレーニングを学んでいる』と子どもに伝えてください」と付け加えます。実際に、ペアレント・トレーニングに参加することを事前に子どもに話し、ホームワークに協力してもらった親もいます。その例においてペアレント・トレーニングで学習したことの効果に影響はありませんでした。また、子どもがいつもと異なる自分への接し方から、親がペアレント・トレーニングに参加していることに気づく場合もあります。そのような例においても、子どもがペアレント・トレーニングの内容を知ることでホームワークの実践に支障は起きていません。

第 2 回

ほめることを習慣にしよう

　「子どもはほめて育てるのがよい」というのは、だれもが認める子育てのコツです。発達障害の支援にかかわる専門家も、この言葉をよく口にします。しかし、発達特性のためにさまざまな生活上の困難さをもち、またそのために親にとって困った問題を起こしてしまう子どもを、親がほめることはとても難しいことです。保護者は叱ることばかりに慣れて、子どものどこをどのようにほめればよいのかわからず、支援者たちのこの言葉にいつも戸惑いを感じています。

　第2回では、ほめることの対象となる行動を見つけ、それをどのようにほめるとよいかを参加者とともに具体的に考えます。「子どもはほめて育てるのがよい」という言葉だけのアドバイスでなく、保護者が子どもを本当にほめることができるようになるための、実践的なアドバイスです。また、ホームワークを実践することによって、肯定的な注目を子どもに与えることが参加者の習慣となることを目的としています。

ウォーミングアップとテーマの説明

🔍 ねらい

　第2回目以降は参加者の緊張をほぐすために適宜ウォーミングアップを実施します。その後、参加者全員が集まったところで今回のプログラムの流れと内容を簡単に説明し、参加者に見通しと心の準備をしてもらいます。

💡 教示例

　セッションを開始する前に気軽にやれるようなウォーミングアップをします。**スライド①**で今回のテーマと流れを一通り説明します。

⚙️ ポイント

　ウォーミングアップの内容は、好きな食べ物の紹介、腰かけたままできるストレッチ体操、それぞれが日頃やっている息抜きの方法の紹介など、楽しくリラックスしてでき

①
```
第 2 回　ほめることを習慣にしよう

  1．ホームワークの振り返り
  2．ペアレント・トレーニングの「ほ
     める」とは
  3．ほめるときの 3 要素
  4．アクションプランとホームワーク
     の説明
```

るグループワークを、集団遊びやグループ活動の書籍から見つけ、それぞれの回のテーマになじむようにアレンジしましょう。参加者の緊張度や雰囲気にあわせて自由に工夫してください。

ホームワークの振り返り

🔍 ねらい

　第 1 回目のホームワークの内容を参加者に報告してもらい、参加者が行動を観察し、記述するということにどれくらい慣れてきたかを確認し、子どもの行動を客観的に観察することの意義を理解してもらうのがねらいです。

💡 教示例

　ホームワークの報告は、各自が記載した内容を読み上げてもらいます。報告の際、すべてを報告するのではなく、主として［増やしたい行動］の欄の内容をすべて報告してもらい、［減らしたい行動］［やめさせたい行動］は参加者に数例を選んで報告してもらいます。［減らしたい行動］［やめさせたい行動］の報告を制限するのは、第 2 回のテーマが［子どもの行動の肯定的な面に関心を向けること］なので、参加者の関心が子どもの否定的な行動に向かないようにするためです。

　行動として記載するために必要な［いつ・どこで・誰に（誰と）・どのように］という状況の記述が不十分でも、この段階では指摘せず、行動として記述されていない曖昧なところで補足が必要な場合のみ、ファシリテーターが質問してより具体的にします。

各自の報告が終わるたびに、ファシリテーターは「ホームワークをやってみてどうでしたか？」と問いかけ、［ほめることの対象となる行動を見つけることが容易だったか、あるいは難しく感じたか］［行動を見ることであらためて気がついたことはないか］などを聞き取ります。その感想を聞いたあと、ファシリテーターは参加者のホームワークの内容にコメントを返して実践をねぎらい、全員で拍手して次の参加者の報告を促します。

ポイント

❶ホームワークの報告の際のポイントとして次のようなことを留意してください。

　・今回の最後に提示するホームワークが、子どもの行動をほめることなので、ほめることのターゲット行動となる［増やしたい行動］の欄はすべて聞く。

　・［増やしたい行動］の報告は、子どもに対する肯定的な注目を促し、今回のテーマである子どもをほめることを学ぶのにふさわしい前向きな雰囲気を参加者間につくるように聞く。例えば、記載内容が不十分でも、詳細な質問や修正はしない。

　・［減らしたい行動］［やめさせたい行動］の報告を数例にするのは、時間的な制約とともに、そこに重点をおくと、参加者の気持ちや意識が否定的な方向に向くためである。ファシリテーターはなるべく［減らしたい行動］［やめさせたい行動］へのコメントやアドバイスをしない。「どうしたらいいでしょうか？」というような相談形式で報告された場合、回答したくなる気持ちを抑えて、「今回以降のセッションでご一緒に考えましょう」と応答する。

　・［増やしたい行動］の内容や［減らしたい行動］［やめさせたい行動］の内容で、参加者が、子どものどのような面に関心があり、困っている行動のなかのどのようなことで主に悩んでいるかがわかるので、そのことを意識しながら聞く。

❷各参加者の報告の後、必ず一言、何か肯定的なコメントを述べることが大切です。ファシリテーターが参加者に肯定的な注目を与えることが、参加者が子どもに同様の注目を与えるためのモデルとなります。コメントは参加者自身が述べた事柄を拾って参加者の努力や工夫をねぎらう内容がよいので、できれば事前にホームワークの内容を読んで準備できるとよいです。とはいっても、初心者のファシリテーターにおいて（筆者もそうでしたが）、適切かつ参加者の心に響くコメントを思いつくのは難しいものです。初心者は無理をせず、「たくさんの行動を記録されましたね、ありがとうございます」「お子さんの様子がよくわかる報告でした、興味がわきます」「お忙しいと

おっしゃっていましたが、お子さんの様子をよく見ていらっしゃると思いましたよ」など、簡単に感謝とねぎらいを伝えるのでよいと思います。

❸ このホームワークでは、意識して子どもを観察することで、日頃の生活では起こらない気づきが生じることがあります。参加者がそのような感想を述べたときには、そのことを含めたコメントをします。複数の参加者が新たな気づきがあったという報告をした場合、参加者の報告がすべて終わったところで、全体に「子どもの行動をあらためてゆっくり観察してみると、いろいろなことがわかりますね。これからもできるだけ冷静に子どもの行動を観察するようにするといいですね」と、行動の客観的な観察が大切なことを伝えるといいでしょう。

❹ 毎回のホームワークの振り返りで大切なことは、ファシリテーターと報告する参加者のやりとりが1対1になって、ほかの参加者が蚊帳の外の状態にならないことです。ファシリテーターはできるだけ全体に意識を向けながら、ほかの参加者の表情やうなずきの様子を観察し、「ほかの参加者の方も同じようなことを経験されているのではないですか」などとコメントを付け加え、グループ全体としてホームワークの報告を聞く雰囲気をつくり出すことが大切です。

❺ [増やしたい行動]の欄に記載されている行動が少ない参加者がときどきいます。そういう場合は、振り返りに入る際に、「これからホームワークを始めますが、[増やしたい行動]のなかから今回のホームワークのターゲット行動を決めますので、ほかの参加者の報告を聞いて、『自分は気づかなかったが、言われてみると、うちの子どもに当てはまる』と思ったら[増やしたい行動]の欄にその行動を書き足してください。[増やしたい行動]の欄がたくさんあったほうが、今回のホームワークのターゲット行動を選ぶときに楽ですよ」と全体に伝えます。

Q&A

円滑な進行のヒント

Q ホームワークの振り返りのときに、参加者の質問への対応などに時間がとられてしまって、先に進まない場合があるのですが、そんなときにはどうしたらいいでしょうか?

A 特に[減らしたい行動]や[やめさせたい行動]の欄の報告のときに、ファシリテーターが対応策のようなことを話すと、それに対してもっと知りたい

という気持ちが参加者の間に起き、多くの参加者から質問がでてきてしまうことがあります。参加者は子どもの困った行動への対応策を必死に求めているので、質問が殺到するのは当然のことです。しかし、それがプログラムの進行を妨げることがあるので、質問への応答には注意が必要です。

　ホームワークの振り返りは参加者の実践の確認が主な目的です。そのことを参加者に伝え、今回のテーマにかかわる質問以外は関連するセッションであらためて取り上げることを伝え、先に進むために参加者の協力を促します。各回の最初にその回の流れを説明しておくのは、このような事態を想定して、参加者にそのセッションのプログラム内容に応じた時間的な見通しをもってもらうのに役立つからです。

ペアレント・トレーニングの「ほめる」とは

「ほめる」とは何か：演習と教示

🔍 **ねらい**

　このスライド群は、今回のテーマである［何を、どのように、何のために、ほめるか］を、参加者に考えてもらうため用意しました。

　ペアレント・トレーニングでは、子どもがよいことをしたのでほめるという通常のほめ方とは異なります。子ども自身が自分にもできることがあるのだということを理解するために、子どもの行動をほめるということを学ぶのがねらいです。

💡 **教示例**

　［第2回ワークシート1：あなただったら、どうほめますか］（112頁参照）を各自で記載してもらいます。

　ほぼ全員の記入が終わったところで、記入内容を全体で共有します。

　参加者が記入した内容は、ほぼ、**スライド①**のように［感心する・励ます・感謝する］のどれかに該当します。

　このようなほめ方が一般的であることを参加者と確認したうえで、「この子どもの例

はほめられるように創作したものなので、ほめるところが満載ですが、子どもに発達の特性がある場合は、ほめたくてもこの例のようにはいかず、ほめることを見つけるのが大変です。下線が引かれている事柄以外に、ほかにこの子をほめるところはありますか？　それはどこですか？」と参加者に問いかけます。

　参加者が自分の子どもの日頃の行動と比較するのか、「ランドセルから本を出したところ」「プリントを親に見せるところ」など面白い意見が出てきます。そのなかで複数の参加者が「『ただいま』と言って」という部分をあげます。

　その発言を受けて**スライド②**を提示し、「子どもの行動に肯定的な関心を示すこと、つまりあいさつにあいさつを返すこともほめることです」と説明します。次の**スライド③**を読んで、ペアレント・トレーニングでの［ほめる］ということは、一般的な［ほめる］こととは異なり、子どもに肯定的関心や注目を与え、子どもに自分にもできている行動があることを気づかせることであると伝えます。**スライド④**はまとめです。

---

①
感心する
　よい行いをしたとき、よい結果を出したとき
　「ランドセル、机に置けたね、えらいね」
　「理科のプリント、花丸だ、すごいね」

励ます
　適切な行動を続けているとき
　「理科のドリル、やるんだね。がんばってるね」

感謝する
　何か手伝いをしてくれたとき、役立ったとき
　「ありがとう。新聞片づけてくれたのね」

---

②
感心する
　よい行いをしたとき、よい結果を出したとき
　「ランドセル、机に置けたね、えらいね」
　「理科のプリント、花丸だ、すごいね」

励ます
　適切な行動を続けているとき
　「理科のドリル、やるんだね。がんばってるね」

感謝する
　何か手伝いをしてくれたとき、役立ったとき
　「ありがとう。新聞片づけてくれたのね」

関心を示す
　子どもの「ただいま」に「おかえりなさい」と応える

---

③
ペアレント・トレーニングの「ほめる」とは、
- 一般的な意味での「ほめる」とは　感心する、励ます、感謝することです。
- ペアレント・トレーニングの「ほめる」とは、どんなに些細なことでも、子どものよい行動やよい変化に肯定的注目を与えることです。
- これからもやらせようとして、大げさに感心したり、励ましたり、感謝したりすることではありません。

---

④
本当の「ほめる」とは
- あなたが子どものよい行動に気がついていることを、率直に伝えることです。
- 子ども自身が自分のよい行動に気づくことです。

ただいま

おかえりなさい

　子どもがよいことをしたときにほめるという一般的な概念では、発達特性のある子どもの場合、保護者は「わが子をほめたくても、わが子にはほめるところがない」というジレンマ状態になってしまいます。一連のスライドと教示によって、参加者がペアレント・トレーニングの［ほめる］ことは、子どもができている当たり前な行動に目を向けることで、それだったら自分にもできるかもしれないと思ってくれることがポイントです。ファシリテーターは参加者を観察し、参加者がそのことを理解できたかどうかを確認しながら説明を進めます。

注意をひくことの大切さ：ロールプレイ

ねらい

　この一連のスライドでは、子どもをほめるときの基本的なコツである、子どもに何かを伝えるには子どもの注意を引くことが大切なことを、ロールプレイを通して参加者に体感してもらうことがねらいです。

教示例

　スライド①は日常でありがちな朝のあいさつの光景です。このように家事をしながらのあいさつでは、せっかくの「いってらっしゃい」が、子どもへ伝わっていないかもしれません。このスライドを提示してそのことを伝え、「子どもとあなたの注意が、お互いに向いていないと、伝えたいことは伝わりません」と説明します。

　スライド②を提示してロールプレイを行います。ファシリテーターがロールプレイの内容（138 頁参照）を説明した後、参加者に 2 人 1 組になってもらい、一斉に行います。各組の参加者は a 場面と b 場面を親と子の役を交互に交代して行います。それぞれの組で自由に感想を交換してもらった後、ファシリテーターは参加者の注意を全体に戻し、各組のロールプレイの感想を全体で共有します。**スライド**③を提示して「子どもの注意を自分に向けさせることが、子どもをほめるための大切なコツである」と伝えます。

ポイント

❶ロールプレイは、人前で演じる恥ずかしさもあってか、参加者のなかには苦手意識を

①

② ロールプレイ：朝の歯磨き

朝、子どもが歯磨きをしているのを見かけます。ほめてみましょう。「おはよう、歯磨きしてるんだね」と声をかけてみましょう。

a. 伝えるコツを使わない方法
子どもの背後から顔を見ないで声をかける。

b. 伝えるコツを使った方法
子どもの名前を呼んで、視線をあわせてから声をかける。

③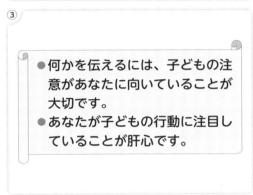

- 何かを伝えるには、子どもの注意があなたに向いていることが大切です。
- あなたが子どもの行動に注目していることが肝心です。

もつ人がいます。この歯磨きのシーンは「簡易版プログラム」の参加者同士の最初のロールプレイですが、親子のやりとりが単純で、また全組同時に実施するので見られている感覚も少なく、比較的スムーズに行えます。

❷ファシリテーターは参加者を各組に分けるときに、「b 場面での呼びかけのために、お互いに子どもの頃の愛称を紹介しあっておくといいですよ」と示唆し、お互いの愛称を交換することを促します。各組の参加者はお互いの愛称を紹介する段階から打ち解け始め、ロールプレイを楽しんで行うことができます。フィードバックを活発に行うことにも役立ちます。

❸このロールプレイは、子どもの注意を確認してから言葉をかけることの効果が実感でき、各組の互いのフィードバックでもそのことについて実感をもって話し合うことができます。

❹フィードバックにかかる時間は組によって違いがあります。ファシリテーターは各組のフィードバックの様子を観察して、参加者を全体に戻すタイミングをつかみましょう。

ほめるときの3要素

🔍 ねらい

　今回のホームワーク実施のために、ほめるときのコツと留意点を説明します。子ども に肯定的な関心を向けることが大切であると同時に、年齢や発達特性によって伝え方に 違いがあり、自分の子どもに伝わりやすいほめ方を工夫する必要があることを、参加者 が理解することがねらいです。

💡 教示例

　スライド①を読み、ほめ方のコツを説明します。その際、ファシリテーターがスライ ドの内容を演じるようにして説明すると、参加者は実感をもって理解できます。例え ば、ファシリテーターは、参加者に近づき視線を合わせて微笑みながら「しっかり聞い てくださってありがとう」と言い、「こういうふうな感じでお子さんをほめてください」

---

①
ほめるときのコツ
①近くに寄り、
②目を見て、
③声を明るく、
④表情を豊かに、
⑤動作を含めて
⑥子どもの行動をほめましょう
※わが子にあったほめ方を工夫し ましょう。

---

②
ほめるときの3要素
①タイミングよく、即座に、
②行動をできるだけ具体的に言葉にして
　例：「着替えできたね」→「靴下を自分で履 いたんだね」
③批判・コメント・過度な励ましはしない
　例：「いつも自分でできるといいね」
※①と②は年齢が小さければ小さいほど大切 です。
※③の批判・コメント・過度な励ましは、自 信を失った子にとって、ダメな自分を思い 出させるきっかけになります。

---

③
ところで、こんなほめ方をしていませんか？
例）小学校4年生男児
　学校から帰ってきて、「ただいま」 と言って、リビングに入ってきまし た。①いつもと違ってランドセルを 床に投げ出さず机の上に置きまし た。②私が机の上に広げたままだっ た新聞を、文句を言わずに畳み始め ました。畳み終わったら、ランド セルから理科の本とドリルブックを 出して、③珍しくドリルをやり始め ました。本の横には今日学校で 使ったプリントがあって、理科の実 験の観察記録らしく、④そこには久 しぶりの花丸がついています。

①ランドセル、ちゃ んと机におけた ね。

②ありがとう。明日 もお願いね。

③今日は、がんばっ てるね

④花丸だ。これから もがんばろうね。

---

④

期待や否定は、ダメな自分を 思い出させます。

ほめるときは、具体的に、簡潔に‼

とほめ方の例を示すように説明するとよいでしょう。

　スライド②では、年齢や発達特性に応じ、ほめるタイミングやほめ方が変わることを説明します。

　スライド③を提示し、一般的にはスライドの色文字のように「ちゃんと」「明日も」「今日は」「これからも」という表現を入れてほめることが多いこと、しかし、こういうほめ方は発達特性のある子には不向きであることを説明します。「どうしてだと思いますか？」と参加者に投げかけてもよいでしょう。

　そして、**スライド④**を提示して、発達特性による行動のつまずきのために、「しっかりしなさい」「いつもちゃんとやらないからよ」と叱られたり、小言を言われている子どもは、このようなほめ方だと、否定的な自分を思い出すきっかけとなりうることを説明します。

🔩 ポイント

❶子どもの年齢や発達特性によってほめ方が異なります。**スライド①**に記載されている［わが子にあったほめ方を工夫しましょう。］では、次のようなことを付加して説明します。

　・幼い子どもには、言葉だけでなく身体接触を伴うほめ方がよい。例えばハグや頭をなでるなどもよい。

　・接触過敏や身体拘束を嫌う子どもには、ジェスチャーを使うくらいのほうがよい。

　・視線を合わせにくい子どもには、無理に視線を合わせようとしないで、関心がこちらに向いているかを確認してからほめるのがよい。

　以上のように発達特性に合わせたほめ方を工夫する必要があることを伝えます。

❷年齢や発達特性の違いによって、記憶の保持時間が異なることを説明し、幼ければ幼いほど行動を即座にほめ、行動を具体的にほめたほうが伝わりやすいことを伝えます。逆に高学年の子どもでは、時間をおいて内面的な変化をほめるのもよいことを伝えます。5年生や6年生の子どもをもつ参加者がいる場合、巻末の「資料2　その他の技法」の［1 ほめることのバージョンアップ］の内容を説明します。

❸ワークシートの子どもの例で、参加者が「ちゃんと」「明日も」「今日は」「これからも」などスライドの色文字のような記載になっていたとしても、それが間違いだととらず、「そういうほめ方になりがちですが、説明のように発達特性のある子どもには不向きです」と伝えるようにしましょう。

言葉以外のほめ方

Q ［ほめ方のコツ］や［ほめるときの3要素］は、主に言葉で子どもをほめる内容ですが、言葉の理解がまだ十分でない幼児や言語発達が遅い子どもだと、言葉でほめられてもほめられた感じがしないと思うのですが、そういう場合はどうしたらよいのでしょうか？

A 行動変容理論で＜行動の強化＞に相当することを、このプログラムでは［ほめる］という言葉を使って説明しています。質問の年齢や発達水準の子どもの＜行動の強化＞では、おやつのご褒美、子どもが好きな活動や刺激、例えば手遊び歌や「ぎっこんばっこん」のようなふれあい遊びなどを強化子として使用することができると思います。また＜行動の強化＞を目的とするのであれば、巻末の「資料2　その他の技法」の［3　ポイントシステム（トークンエコノミー）］も有効です。

　しかし、このプログラムでは単に適応的な行動を強化子によって強めるだけでなく、注意欠如・多動症（ADHD）や自閉スペクトラム症（ASD）などの発達特性によって起こる親子関係の悪化を修正し、発達特性による行動のつまずきによって起こる子どもの自己評価の低下を抑え、発達障害による思春期以降の副次的で困難な問題の発生を予防することを目的としています。そのために、子どもができている行動を親が伝え、子どもが自分にできている行動があることを自覚することを促すために、言葉で［ほめる（肯定的注目や関心を与える)］ことが中心となっています。

　つまり、子どもが抽象的な言語の操作ができる年齢や発達段階の子どもを想定して、プログラムが構成されているため、質問のように言葉による強化があまり有効でない場合は、前述のような、子どもの年齢や発達水準にあった強化子を工夫する必要があります。

アクションプランとホームワークの説明

ねらい

　参加者が子どもをほめるためのターゲット行動の選択が上手にできるように、ファシリテーターが援助し、ホームワークがなるべく成功するようにほめ方を一緒に工夫します。

教示例

　参加者が［第2回ワークシート2：ほめるためのアクションプラン］（113頁参照）を用意した時点で、参加者に自身の［行動を3つにわけましょう］のホームワークの［増やしたい行動］の欄（111頁参照）の記載内容を見てもらって、そのなかからワークシートに記載されている条件にあったものをいくつか選んでもらいます。選ぶ際の条件は、ホームワークを実施する期間に生じる行動、参加者がその行動を直接観察でき、そばにいてほめることができる行動、また、ほめても他者の邪魔が入らない行動などです。

　それぞれの参加者にどのような行動を選んだかを聞き、参加者とファシリテーターが話し合って、参加者が成功しそうなものを1つか2つ選んで、その行動を［ターゲット行動］の欄に記載し［その行動をどうほめるか］の欄に今考えられるほめ方をいくつか記載してもらいます。

　すべての参加者のアクションプランの記載が終わった段階で、ホームワークの記載の仕方を説明します。その後、提出日時を提示します。

ポイント

❶ほめるためのターゲット行動は、必ずしも［行動を3つに分けましょう］の記載内容から選ばなくてもかまいません。今回のホームワークの振り返りで増やした行動やアクションプランであらたに考えた行動もほめるためのターゲット行動の選択肢に含めて考えます。

❷よく「長所と短所は裏表」と言いますが、発達特性もよい行動と悪い行動のどちらにもなります。いわばコインの裏表のような関係です。［増やしたい行動］と裏表になるような行動が［減らしたい行動］や［やめさせたい行動］に記載されていて、ほめ

てよい行動とほめてはいけない行動が混在しているような場合、**スライド①**を提示し、発達特性がよい行動にも悪い行動にも影響していること、その場合はほめ方を気をつけなければならないことを参加者全体に説明します。**スライド①**は分化強化（類似した行動のうち、適切な行動はほめ（強化）、不適切な行動はほめない（消去）すること）の考え方に基づいています。

① 「増やしたい行動」と「減らしたい行動」
がコインの裏表になっている行動への対応

例（小2男子）：○「登校班のところへ行くまでの間、登校
　　　　　　　　　のとき、誰にでもあいさつをする」
　　　　　　　　×「知らない人に話しかけ迷惑そうにされ
　　　　　　　　　る（不審者が接近するのではないかと
　　　　　　　　　心配）」
対応1：望ましくない行動はスルーし、望ましい行動だけ
　　　　をほめる。
　　　　例：知人へのあいさつのときだけほめる
対応2：コインの裏表になっている行動はほめない。
　　　　例：人にあいさつすることには触れず、「行って
　　　　らっしゃい」と明るく声をかける

［家族の皆さんへ］のフィードバック

🔍 ねらい

　前回、促した家族の協力要請に対する、家族の反応を聞き取ります。うまくいった例やそうでない例がありますが、それぞれの参加者がほかの家族との関係でどのような状態や心情でペアレント・トレーニングに参加しているかを把握し、今後のセッションでの各参加者への支援の仕方を考えるうえで配慮すべきことを知ることがねらいです。

💡 教示例

　それぞれの参加者にパンフレットをどのように使用したか、家族の反応はどうだったかを尋ねます。
　質問の有無を確かめ、感想カードの記入を促し、今回の参加とロールプレイやアクションプランでの協力の労をねぎらってセッションを終了します。

🌼 ポイント

　家族が協力的でない場合、何らかのフォローの必要性を感じるときがあります。プログラムを実施している期間は保留にしておいて、プログラムが終了した段階で、参加者のニーズを聞き取り、それに応じて対応します。自身の施設や機関では家族の相談ができない場合も多いと思いますので、あらかじめ近隣の相談機関や支援機関の情報を集めておくとよいでしょう。家族が協力的でない場合は、その参加者へのコメントは、第1回でこのパンフレットの説明をしたときと同様に、参加者がペアレント・トレーニングに参加したことを勇気づける程度にとどめます。

第3回

小さなよい変化を見つけよう

　親は、子どもの不適切な行動を叱ったり諭したりします。親が子どもの成長を考えたうえでのことですが、不適切な行動のなかには叱ったり諭したりすると、親の意図に反して、かえってひどくなる行動があります。例えば、子どもが買えない物をねだったり、自分の間違いや失敗の言い訳をしたりする行動です。親が説得すればするほど、それらの行動は持続し、強まっていきます。親は子どもの聞き分けのなさに腹が立ち、説得は小言となり、さらに親子の言い争いに発展し、しまいには親が「もういいかげんにしなさい‼」と怒鳴って終わるというパターンになります。

　このような口論やいさかいは、親子の否定的な注目が互いの行動を持続させることが原因となっています。

　今回は、子どもの行動に対して適切な無視を上手に使う方法を学び、言い争いや反抗が鎮まったときの注目の与え方について学びます。特に大切なのは、否定的な注目を与えるのを止め、その後に起こる子どもの小さなよい変化を見つけ、その変化に再び注目を与える方法を学ぶことです。この親の一連の行動によって、子どもは、不適切な行動は無視されるが、適切な行動は注目されることを学習します。

　この上手な無視と注目の与え方のなかで特に重要なことは、［子どもの小さなよい変化］を見つけ、それを［ほめる（この場合、否定的でない注目の仕方をする）］ことです。子どもの年齢や発達特性との関係で、親子の言い争いが少ない参加者もいます。例えば、幼い子どもは親に反抗できるほど自己主張が成長していません。また自閉スペクトラム症（ASD）などの特徴として人への関心が薄く自己主張が少ない子どももいます。このような子どもの保護者は適切で上手な無視を実生活で使う必要はありません。

　そのため今回のホームワークは、適切で上手な無視のほかに、日常生活のなかでは見落としがちな子どものちょっとした成長を見つけ、それをほめることがホームワークになります。どちらのホームワークも、子どもの行動を観察し、小さなよい変化やよい行動を見つけてほめることです。そこで、第3回の表題を［小さなよい変化を見つけよう］としました。

ウォーミングアップとテーマの説明

🔍 ねらい

　前回と同じように、参加者の緊張をほどき、グループのまとまりをつくるために
ウォーミングアップを行います。今回のセッションの流れを説明して、今回のテーマに
ついて参加者に理解してもらいます。

💡 教示例

　参加者の雰囲気に合わせてウォーミングアップを行います。**スライド①**で今回の流れ
を一通り説明します。

①
第3回　小さなよい変化を見つけよう
1. ホームワークの振り返り 2. 否定的な注目と行動の関係 3. ［無視・待つ・ほめる］の技法 4. ［無視・待つ・ほめる］を実践する際の留意点 5. アクションプランとホームワークの説明

🌸 ポイント

　ファシリテーターは、冒頭の今回のテーマの無視について十分に理解し、参加者が正
しく理解するように努めなければなりません。しかし、**スライド①**を提示する際には時
間的な流れの説明に留め、無視についての詳細はその後のスライドで適宜織り交ぜて説
明するのがよいでしょう。特に大切なのは、相手を否定したり傷つけたりする意図での
無視と今回の無視が異なることです。参加者はその違いがわからず、感情的な無視と今
回学ぶ無視とを混同しがちです。今回のセッションは、参加者が両者の無視の違いを理
解しているかどうかを確認しながら進めていきましょう。

ホームワークの振り返り

🔍 ねらい

前回の復習とともに、必要に応じて、その子ども、その参加者、その家庭に合うようにほめるためのターゲット行動やほめ方を修正することを提案します。各参加者のホームワークの振り返りを通して、子どもの行動に肯定的注目を与えることで、子どもの行動がよくなっていくことを再認識します。

💡 教示例

ホームワークの発表の要点を説明し、各自が記載したホームワークの内容を読み上げてもらいます。[第2回ホームワーク：ほめることを習慣にしよう]の発表では、実際にどんな行動をほめたか、どんなふうにほめたか、ほめたときの子どもの反応はどうだったかなどを確認します。失敗だと思って記録されていないエピソードも積極的に報告してもらいます。記載されている内容の報告が終わったところで、ホームワークを実践してみた率直な感想を述べてもらいます。

⚙️ ポイント

❶子どものよい行動を見つけ、それに対して肯定的な注目を与えることは、プログラム全体を通して共通する最も重要なことです。行動をほめることがうまくできた人やできなかった人、また自分の子どもはほめることが難しいと感じた人や自分自身がほめることが苦手だと感じた人など、参加者の間に成功・失敗、得意・不得意などの違いが出てきます。ファシリテーターはそのような各参加者の特徴を把握しつつ、参加者の実践の内容を客観的に把握して、批評ではなく、参加者の苦労や気づきをねぎらい、実践を続けていくことを勇気づけましょう。

❷ファシリテーターが参加者の実践を丁寧に聞き取り、コメントすること、またその内容を全体で共有することはとても大切です。各参加者の実践に対する適切なコメントは、参加者にとってペアレント・トレーニングから何を学ぶかを理解しやすくし、セッションへの参加とホームワークの実践のモチベーションを向上させます。また、ホームワークの実践が成功であっても失敗であっても、実践から生じた気づきを大切にすることによって、子どもの反応の特徴とその対応について参加者の理解がより深

まる機会となります。

❸「ほめたのに子どもに何の反応もなかった」という報告に対しては、その参加者の実践の失敗なのか、それともその子どもの発達特性がもたらすものなのか、その参加者の実践状況を詳しく聞き取りながら、参加者とともに考えます。このような聞き取りの際に、第1回目の［行動をほどき、行動と環境の関係をほどき、行動と親子のかかわりをほどく］という、行動を分析する態度が大切になります。ファシリテーターは参加者とともに、行動と環境やかかわりの関係を分析しましょう。また、ほかの参加者で同様に子どもの反応が薄かった人はいないかを確認することで、それがその参加者だけの困難さではなく、他者への関心の薄さという発達特性のある子どもに共通する反応であることがわかります。「子どもをほめることがうまくできない」という親の否定的な自己評価には、このような子どもの反応の弱さが原因となっている可能性があり、グループでの共有化はそのような親の自責の念を薄めます。

否定的な注目と行動の関係

🔍 ねらい

互いの否定的な注目が親子の言い争いやいさかいを持続させることを、参加者に理解してもらいます。そのような親子のやりとりによって起きている困った行動が自分の子どもにあるかないかを確認するのがねらいです。

💡 教示例

スライド①・②を使って、親子の言い争いの例を説明します。**スライド③**でその対応方法を予告します。参加者各自の［第1回ホームワーク：行動を3つに分けましょう］の減らしたい行動とやめさせたい行動の欄に記入した内容を見てもらい、**スライド①・②**の例のような行動が参加者の子どもにあるか否かを確認します。

🌐 ポイント

❶注意欠如・多動症（ADHD）の不注意や多動や衝動性は、子どもが親の指示に従えず、親が頻繁に子どもを叱るという悪循環を形成しやすい特性です。今回のテーマの［無視・待つ・ほめる］という技法は、そのような親子関係を改善するための有効な

① 否定的注目と行動の関係
　　あなたが困っている子どもの行動のなか
に、次のような行動はありませんか?

A) あなたが言い聞かせたり、注意すると、へりくつ
　や口答えをする。結局、お互いの言い争いになっ
　てしまう。

　　例:買ってほしい物があって、「だめ」と言われても、
　　　しつこく要求する。
　　　子:「新しいゲームソフト、買ってよ」
　　　親:「この間、買ったばかりでしょ!」
　　　子:「友だちはみんな持ってんだもん!」
　　　親:「みんなってわけないでしょ!」
　　　子:「だって、〇くんも、〇ちゃんも・・・」
　　　親:「うるさい!!　いいかげんにしなさい!!」

② B) 待てば自分で止める、あるいはやり始めるのに、
　あなたが先に口出しするので、かえってその行動
　を止めない、あるいはやるべきことをやらない。

　　例:宿題になかなか取りかからないので、待ちき
　　　れずに、否定的な感じで指示する。
　　　親:「いいかげんにゲームやめて、宿題やん
　　　　なさい」
　　　子:「いまやめようと思ったのに、お母さん
　　　　が先に言うから、宿題やる気なくなっ
　　　　た」
　　　親:「何言ってんの!　自分の
　　　　ことでしょ!!」
　　　子:「もう一生やんない、バカ!
　　　　アホ!　マヌケ!」

③ そういう行動はあなたの否定的な注目と子どもの
反発や反抗が悪循環となって続いている可能性が
あります。

そういう行動は「無視・待つ・ほめる」の組み合
わせで対応します。

　　　　　ペアトレの無視とは
●子どもではなく行動を無視する。
●否定的な注目を取り去って、よりよい行動が現
　れるのを待つ。

技法です。

❷反抗的な態度が形成されていない幼児や、人への関心が薄く他者への要求や自己主張
　が少ない特徴をもつ子どもには、**スライド①・②**で示した行動に当たるものが見つか
　らない場合があります。そういった場合には、[実践はしないが、否定的な注目が否
　定的な行動を強める]ということを理解するに留めることを説明します。

❸「無視」という言葉は、心的虐待の意味で用いられる「ネグレクト」を連想させま
　す。このプログラムで用いる「無視」という言葉は、そのような感情的な無視ではな
　いことを強調するために、**スライド③**の記載を読み、[子どもを無視するのではなく、
　不適切な行動への注目を取り去ることである]と説明しましょう。「無視」という言
　葉に抵抗があるようなら、「知らんぷりをする」「真正面から相手にしない」「その行
　動にはつき合わない」など違う表現で説明するのもいいでしょう。

❹ファシリテーターは、事前に各参加者のホームワーク[行動を3つに分けましょう]
　を見ておいて、該当する行動があるかどうかを確認しておくといいでしょう。参加者
　は親の言うことをきかないという行動全般を、[無視・待つ・ほめる]に該当する行

動として選びやすい傾向があります。例えば、「宿題をしなさいと言ってもしない」とか「ゲームをやめなさいと言ってもやめない」とか、指示してもやらない行動ややめない行動を子どもの反抗ととらえ、そのような子どもの態度を［無視・待つ・ほめる］で対応してはどうかと考えます。それらの行動は無視しても変化しません。そういった行動はプログラムの第4回と第5回のテーマの対象となる行動であることを簡単に説明し、今回の技法には該当しないことを伝えましょう。

［無視・待つ・ほめる］の技法

教示

🔍 **ねらい**

　［無視・待つ・ほめる］の技法を使う際の具体的なやり方の説明です。［無視・待つ・ほめる］の技法を使う際の準備と心得を伝えることがねらいです。

💡 **教示例**

　スライド①・②を提示して、内容を読み上げましょう。**スライド③**で、［無視・待つ・ほめる］の場合の［ほめる］とはどういうことか、また具体的にはどのようにすればよいかを説明します。

⚙️ **ポイント**

❶ ［無視・待つ・ほめる］の技法は計画的に行わないとうまくいきません。**スライド①**ではそのことをあわせて説明します。［ましな行動＝小さなよい変化］については、子どもの行動が不適切な行動から許容できる範囲の行動に変化した際にどのような行動が出現するかを、事前に想像することが大切です。そのことを説明し、今回のアクションプランのときに参加者が想像できているか否かを確認します。

❷ ［無視・待つ・ほめる］の技法を実施する際には、感情のコントロールが重要であるということを**スライド②**で伝えます。ただし［感情を抑えて、行動を無視する］というのは、［子どもへの否定的な感情は間違い］というのではなく、［子どもに対する気持ちがネガティブなものになっているのを自分自身が確認し、その感情を言動として

表さないようにすること] であることを説明します。不適切な行動に不快な思いを抱くのは、それは親子であってもごく自然なことです。子どもに対してネガティブな感情をもつこと自体を禁止するものではないことを伝えましょう。

❸ [無視・待つ・ほめる] の [ほめる] はどうすることなのか難しいという参加者の感想や質問がよくあります。第2回でも説明したように、このプログラムにおける [ほめる] とは、一般的な賞賛や励ましや感謝の概念とはかなり異なるものです。そのため、**スライド③**を使って理解の程度を確認しながら参加者が納得するように説明しましょう。

技法のロールプレイ

🔍 ねらい ▶

[無視・待つ・ほめる] の技法を実践するためのロールプレイです。この技法を使わない場合と使う場合で、参加者自身の状態と子どもの反応がどのように違うのか、ロー

ルプレイを通して確認します。また、各参加者がこの技法を実践した場合に、子どもと参加者の間に実際に起きそうな事柄を参加者自身に考えてもらいます。

🔘 教示例

スライド①を提示し、[無視・待つ・ほめる]の技法を使わない場合と使う場合の2通りのロールプレイを行うことを説明し、概要を伝えます。

2人1組に分かれ、それぞれの場面でどちらの参加者も子どもの役と親の役の両方を演じ、演じ終えたら互いの感想を交換するように伝えます。

各組のロールプレイと互いの感想の交換が終わったら、全体にもどって、各組の感想を聞いてまとめます。

① **ロールプレイ：子どもの無理な要求への対応**
子どもが高価なゲームソフトを買ってほしいとしつこく言ってきます。先月すでに新しいソフトを購入したばかりです。この子どもの無理な要求に対して、次の2通りの対応の仕方を比べてみましょう。
　a. 子どもを説得してあきらめさせる
　b. 「無視・待つ・ほめる」で対応する

🔘 ポイント

❶このロールプレイは少し難しいので、台本を提示します（139〜140頁参照）。その際、ファシリテーターが、それぞれの場面を演じるような感じで説明するか、スタッフが複数いる場合は、スタッフ2人で模範演技をするといいでしょう。ただし、模範演技といっても台本どおりに演技をしなければならないと参加者が思わないように、アドリブをいれたり、またさほど上手な演技でないほうが、参加者にとって気楽にロールプレイが行えます。

❷参加者の緊張が強かったり、ロールプレイに対する苦手意識が強かったりする場合は、台本を見ながらでもいいでしょう。ただし台本どおりだとセリフの棒読みになるので、臨場感がわきにくくなります。できれば台本なしで行うほうが楽しく行え、また実感もわきます。

❸ロールプレイの組み合わせは、緊張の強い人同士の組み合わせは避けるなど参加者の緊張の度合いを配慮する必要があります。ロールプレイの組み合わせを上手に工夫すると、参加者同士のピアサポートの機能がうまくはたらきグループのまとまりもよくなります。

［無視・待つ・ほめる］を実践する際の留意点

🔍 ねらい

ペアレント・トレーニングの無視は感情的な無視と異なるといっても、親が自分に注目しないのは子どもにとってうれしいことではありません。そのため、［無視・待つ・ほめる］の技法は計画的に実施しないと、かえって親子関係を悪化させる原因となります。また、子どもの発達特性やホームワークを実施する時期の心理状態によっても、この技法を使うと子どもの状態が悪化することがあります。このスライド群はその点を参加者に理解してもらうためのものです。

💡 教示例

スライド①を提示し、［無視・待つ・ほめる］の技法を使うときは、子どもの行動が一時的に悪化することを予測し、それでも徹底して実施できるかどうか事前に判断して、計画的に実施することが大切であることを伝えます。

スライド②を提示して、［無視・待つ・ほめる］の技法が有効に機能しない例を説明

①

無視に伴う問題

①無視されると、一時的にその行動が増える。

②徹底しない無視はかえってその行動を増やす。

②

無視が使えない例

●子どもの行動が悪化して、自傷や他害など危険な行動になる場合
　例：もともと自傷や他害が起きやすい

●固執・こだわりや被害的認知などが関連している場合
　例：言い出したら聞かない傾向があり、最初は要求していたのが、拒否されたことにこだわり、同じ主張を繰り返す

●背景に不安・いらだち・怒りなどがある場合
　例：環境が変わり落ち着かない状態、苦手なことが続き、日頃からイライラしている状態

します。この説明については**ポイント**の❷〜❹を参考にしてください。

🔩 ポイント

❶**スライド**①は、[無視・待つ・ほめる] の技法に一貫性がないために、子どもの反抗が強化されることの説明で、部分強化効果（間欠強化効果）の理論が背景にあります。間欠強化効果については、参加者には「競馬やパチンコのようなギャンブルで負け続けていたのが、たまに大当たりすると、また当たるのではとの期待が高まり、ギャンブルにはまってしまうのと似ている」などと説明してもいいでしょう。

❷**スライド**②は、発達特性との関連で [無視・待つ・ほめる] の技法を使うと子どもの状態が悪化する例です。子どもの診断や行動特徴について事前情報があれば、子どもの発達特性との関連を考慮し、事前情報がない場合は第1回のホームワーク [行動を3つに分けましょう] の内容や、これまでのホームワークの振り返り等で参加者が述べた子どもの様子を加味して、技法の適用の是非を考えておきましょう。

❸ ASD 特性のうち固執性が強い場合、子どもの要求固執が、単に要求対象への固執だけでなく要求を受け入れてくれないことへのこだわりとなってしまい、無視されることにこだわり、無視がその行動に対する消去の機能を果たしません。かえって被害感を強め、親子関係を悪化させてしまいます。また、感覚過敏が関連した行動の固執の場合も、無視では軽減しません。

❹不安やいらだちなどがある期間持続している状況で、[無視・待つ・ほめる] を実施すると、無視による一時的な行動の悪化が強まり、さらに不安やいらだちなどの感情的状態も悪化します。例えば、運動会の練習が嫌いな子どもで、その期間はいらだちやすくなっている場合などがそれにあたります。このような状況では子どもはストレスへの耐性が低い状態となっていて、親の無視に過剰に反応する可能性が高いからです。

❺上記にあげたような [無視・待つ・ほめる] が子どもの行動や状態を悪化させる例では、次のアクションプランの段階で [無視・待つ・ほめる] のホームワークではなく[[小さなよい変化]「小さなよい行動」を見つけよう] をホームワークとして選択します。

［無視・待つ・ほめる］の適用年齢

Q ［無視・待つ・ほめる］を使わないほうがいい年齢は何歳くらいでしょうか？

A 就学前の子どもは、親の無視を「親が自分を嫌いなんだ」「自分への嫌がらせだ」と感じることがあります。［自分の行動が不適切なために注目されない］ということが理解できる年齢は、一般に就学以降と考えるといいでしょう。ただし、その子どもの発達レベルや発達特性を加味して考える必要があります。特に ASD 特性のために相手の気持ちを読み取るのが難しい子どもの場合は、［無視・待つ・ほめる］の技法を使うのは要注意です。

これらの年齢や成長が幼い子、相手の気持ちが理解しにくい子の場合、［無視・待つ・ほめる］を実施するよりも、無視の対象になる行動に替わる適切な行動を教えたり強めたりするほうがいいでしょう。いずれにしても［小さなよい変化・小さなよい行動］をほめることが大切なのは、年齢や発達特性を問わず共通しています。

アクションプランとホームワークの説明

🔍 ねらい

　［無視・待つ・ほめる］の技法のホームワークを実施するための準備です。ただし、［無視・待つ・ほめる］のターゲット行動がない場合や、この技法の実施が子どもにとって悪い影響を与える場合を考え、第 3 回のホームワークは［「無視・待つ・ほめる」の組み合わせ］と［「小さなよい変化」「小さなよい行動」を見つけよう］の 2 つのアクションプランとホームワークが用意されています。参加者が自分の子どもにあったホームワークを選択し、その選択とホームワークの計画をファシリテーターが援助するのがねらいです。

💡 教示例

　各参加者がホームワークで記入した［行動を 3 つに分けましょう］のなかに、［無

視・待つ・ほめる〕の技法の対象になる行動があるかないかをファシリテーターととも
に再度確認します。対象となりうるものがあるときは、〔第3回ワークシート1：「無
視・待つ・ほめる」の組み合わせのアクションプラン〕（115頁参照）に記載されてい
る教示を読み、各自の計画を記入欄に書くことを促します。〔無視・待つ・ほめる〕の
技法に該当する行動がない参加者には、〔第3回ワークシート2：「小さなよい変化」
「小さなよい行動」を見つけるためのアクションプラン〕（116頁参照）に記載されて
いる教示を読み、各自の計画を記入欄に書くことを促します。

　全員の記入が終わったら、参加者の記入内容を全体で報告してもらいます。

　その後、ホームワークの記入の方法、提出期限と方法を伝え、今回の感想カードを記
入してもらい終了です。

ポイント

❶参加者とファシリテーターが、〔無視・待つ・ほめる〕の対象となる行動を適正に見
　つけることができるか否か、あるいは子どもの特性や家庭の状況を考え、〔無視・待
　つ・ほめる〕の実施の是非を適正に判断できるか否かがポイントです。ファシリテー
　ターはそのために適切に示唆する必要があります。ただし、ファシリテーターの判断
　と参加者の判断が異なり、ファシリテーターが示唆するターゲット行動よりも参加者
　が自分の選んだものをやりたいと主張する場合は、参加者の判断を優先し、次回の
　ホームワークの振り返りの報告で成果を確認することとします。

❷〔無視・待つ・ほめる〕のホームワークを選択した参加者が、〔小さなよい変化・小
　さなよい行動〕のホームワークもあわせて実施したいという場合は、参加者自身の
　力、子どもの特徴、家庭の状況、これまでの学習の状態などを考慮して、2つの課題
　を両方やるほうがよいか、1つに絞るほうがよいかを判断して助言します。どちらが
　参加者の実践を豊かにし、プログラムに参加した効果があるかを考えて判断します。

第 **4** 回

指示を上手に与えよう

　日常的な行動が身につかない子どもの場合、親の指示はどうしても感情的で曖昧になりがちです。着替えや歯磨きや学校の準備、朝食や夕飯や就寝など、時間にゆとりがないときは特にそうなります。親は急いでやらなければならないことが頭にいっぱい浮かんで、子どもの行動の遅さに焦りいらだち、子どもの行動を強く促そうとすればするほど、「いいかげんにしなさい！」「なにモタモタしてんの！」など指示が感情的になります。子どもは自分が何をすればよいかがますますわからなくなり、結局は親の言うことをきかなくなります。

　発達特性があるなど、いまだ自立途上の子どもの場合、親の冷静な指示はとても大切です。第4回は、子どもへの指示が感情的になっていないかを参加者が振り返り、いらだちや焦りを抑えて子どもに冷静な指示を与えることを学びます。そして子どもの適切な行動を起こりやすくし、子どもの行動をほめることができ、子どもが「自分にもできることがある、自分は『できる子』なんだ」と思えるようになるのが目的です。

ウォーミングアップとテーマの説明

🔍 ねらい

　参加者がグループとしてまとまってきている時期です。軽くウォーミングアップを行い、今回のセッションのテーマを説明して、今回の流れについて参加者に理解してもらいます。

💡 教示例

　参加者の雰囲気に合わせてウォーミングアップを行います。**スライド①**で今回の流れを一通り説明します。

⚙ ポイント

　ファシリテーターは、感情的な指示が間違っているというのではなく、日常ではどう

①

第 4 回　指示を上手に与えよう

1. ホームワークの振り返り
2. 感情的な指示と CCQ
3. アクションプランとホームワークの
　説明

しても指示が感情的になりがちだが、感情的な指示では子どもに指示が伝わりにくいことを、参加者に理解してもらうというスタンスで、今回のプログラムを実施します。

ホームワークの振り返り

🔍 ねらい

　[無視・待つ・ほめる]の技法を実施した場合、否定的な注目を子どもに与えないことで、子どもの行動がより適切になることを体験し、親の感情のコントロールが重要であることを理解できます。そのことを確認するのがねらいです。

　ホームワークとして[小さなよい変化・小さなよい行動]を実施した場合、第 2 回で学んだ、このプログラムでの[ほめる]という概念が一般的な[ほめる]とはかなり異なり、[子どもができていることを見つけ、それに対して親が気がついていることを言葉や態度で子どもに示すことである]ということが、ホームワークの実践を通して理解でき、身についているかどうかを確認するのがねらいです。

💡 教示例

　ホームワークの発表の要点を説明し、各自が記載した内容を読み上げてもらいます。

⚙️ ポイント

❶ [無視・待つ・ほめる]をホームワークとして実施した場合、効果的な成果が出ることも多いのですが、計画が不十分だと結果がうまくいかない例も多々あります。結果

が失敗でも、ファシリテーターが参加者の実施の状況を正確に聞き取ることによって、子どもの行動の特徴や家庭状況が明確になり、子どもの行動を変えるために必要な工夫が新たな課題として見えてきます。それらは次の第5回のテーマに結び付くことが多いので、単に失敗として片づけず、ファシリテーターが参加者の実践を丁寧に聞き取り、子どもと家族の特徴を明らかにすることが大切です。

❷ ［小さなよい変化・小さなよい行動］をホームワークとして実施した場合、それをどのようにほめたかよりも、通常は見逃しがちな子どもの［できている行動］を見つけることができたこと、それは参加者が子どもの行動を客観的に観察することでできるようになっていることを、ファシリテーターがコメントすることが大切です。

感情的な指示と CCQ

教示

ねらい

　日頃、子どもへの指示が感情的になっていないかを振り返り、どのような行動に対して、そうなるかを確認し、また冷静で具体的な指示の仕方（CCQ：Calm Close Quiet）を提示し、CCQ が有効であることを参加者が理解するのがねらいです。

教示例

　スライド①を提示して、子どもが指示に従わないとき、あるいは従えないとき、親の指示が感情的になりやすいこと、感情的な指示は感情だけが伝わることを説明します。参加者自身が感情的な指示をしがちになる子どもの行動がないかを確認します。**スライド②**を提示し、そういった場合に CCQ での指示が有効であると伝え、**スライド③**で CCQ のやり方を説明します。

ポイント

❶日頃、感情的に子どもに指示している参加者の自責感を刺激しないように、「感情的な指示になりがちだと思う子どもの行動はありますか？　あった人？」など挙手を促して、指示が感情的になるのを多くの参加者が経験していることを共有しましょう。

① **感情的な指示**

何度言っても、子どもが「やらない・やめない」とき、どうしても大きな声で指示しがちになります。感情的な指示は感情だけが伝わります。

子育てエネルギーの無駄使いです。

> 感情的な指示は
> 感情だけが伝わる

② **指示するときの心得**

まず気持ちを落ち着け、CCQ の要領で指示しましょう。

C	CALM	穏やかに
C	CLOSE	近づいて
Q	QUIET	落ち着いた声で

③

①まず深呼吸して、自分の気持ちを確かめましょう

②遠くから大声で言うのではなく、近づいて

③子どもの注意をひきましょう

④子どもと視線をあわせて

⑤やるべき・やめるべきことを、行動として短く具体的な言葉で伝えましょう

⑥口調は、きっぱりと、断定的な、しかも落ち着いた声で言いましょう

⑦「〜してちょうだい」のお願いや、「〜しない？」という質問形式はやめましょう

⑧「〜しなさい/〜しましょう」と宣言形式で言いましょう

⑨どんな小さなことでも子どもが従おうとしたことは、そのことに気がついたことをすぐに伝えましょう。例：微笑む、うなずく、「そうだね」「ありがとう」など

※　視線をあわせるのが苦手な子どもの場合、無理に視線をあわせず、注意が自分に向いていることを確認しましょう。子どもの発達特性や年齢にあわせてやり方を工夫しましょう。

❷ **スライド③**の内容は読むだけでもいいのですが、7 番目の［「〜してちょうだい」のお願いや、「〜しない？」という質問形式はやめましょう］については、なぜいけないのかという質問がよくあります。それは相手の意図を読むのが苦手などの発達特性があると、質問形式やお願い形式では、それが自分に対する指示であることが理解しにくいこと、あるいは反抗的な状態にある子どもの場合は、お願いや促しに対して拒否する返事しか返ってこないからだと説明しましょう。

❸ CCQ は記憶しやすく、印象的なフレーズなので、英語のままにして使用していま

す。参加者にそのことを伝え、子どもに指示するときは、CCQ と心の中で唱えると
よいですよとアドバイスします。

技法のロールプレイ

🔍 ねらい

　指示を感情的にしても子どもは何をすべきかわかりにくいこと、冷静で具体的な指示
は子どもが何をすべきかがわかりやすいことを、ロールプレイで体験し、感情の抑制と
具体的な行動を指示することの重要性を、参加者が実感するのがねらいです。

💡 教示例

　スライド①を提示し、感情的な指示と CCQ を使った指示を行い、ロールプレイの概
要を伝えます。

　2 人 1 組に分かれ、それぞれの場面でどちらの参加者も子どもの役と親の役の両方
を演じ、演じ終えたらお互いの感想を交換するように指示します。

　各組のロールプレイとお互いの感想の交換が終わったら、全体にもどって、各組の感
想を聞いてまとめます。

---

① **ロールプレイ　感情的な指示と CCQ を使った指示**

子どもが、ゲームをやめる時間になっても、続けています。大人が子どもにゲームをやめることを促します。

　a. 感情的な指示
　b. CCQ を使った指示

⚙️ ポイント

　感情的な指示と CCQ による指示の違いを、体験的に理解することが大切です。でき
るだけリラックスした状態で、親役や子ども役にある程度なりきって行えると実感もわ
き、2 つの場面の相違がよりわかりやすいでしょう。グループに緊張感があるときは、

台本（141〜142頁参照）を見ながらのロールプレイでもよいのですが、できればアドリブも含めて自然な雰囲気で行えるとよいでしょう。またフィードバックの際に、参加者が自分の子どもや家庭の状況で、CCQを実践するとどのようになるかを話し合うのも大切です。

アクションプランとホームワークの説明

🔍 ねらい

　CCQを実施した際の子どもの行動がこれまでと異なることを、参加者がホームワークを通して実感することが大切です。そのために、参加者が感情をコントロールでき、冷静な指示をすれば子どもが従いやすい行動をターゲット行動に選ぶのがよいでしょう。参加者は、自分がやらせたい行動を選びがちです。それよりも、CCQの実効性の高い行動を選ぶように助言します。

💡 教示例

　参加者各自の［行動を3つに分けましょう］のなかに、CCQの技法の対象になる行動があるかないかを確認します。［CCQの有効さを実感することが大切なので、ホームワークでは成功率の高いターゲット行動を選ぶこと］を強調します。ファシリテーターは、各参加者の様子を見ながら、一人ひとりにどの行動を選びたいかを聞き、ターゲット行動の選択の補助をします。一人ひとりのターゲット行動の選択が終わったところで、各参加者の記入内容を全体で確認します。確認が終わったら、ホームワークの記録・提出の仕方を説明し、感想カードの記入を促します。

⚙️ ポイント

　親の子どもへの指示は感情的でなくても、曖昧な指示になっている場合が多々あります。そのような場合もCCQによる指示はとても有効です。参加者はCCQについてのファシリテーターの説明とロールプレイの体験を通して、CCQの実効性を感じます。そのため、参加者は日頃子どもがやらないことをCCQを使ってやらせたいと思いがちになります。それは子どもをよくしたいという親の思いで、とてもよくわかる心情ですが、この回の目的は、CCQの有効性を実感し、子ども自身が「できた」という小さな

達成感を得ることです。ファシリテーターは親の焦る気持ちを理解したうえで、「困難な問題行動に CCQ を使用するのは実施の要領が理解できてからにする」「ホームワークが成功するターゲット行動に CCQ を使用する」というように助言しましょう。

ターゲット行動選定の葛藤

Q CCQ のホームワークで、参加者が困難な問題行動、例えば子どもがなかなか宿題にとりかからないので、宿題をやることを CCQ のターゲット行動にしたいと主張するときはどうしたらいいのでしょうか？

A ファシリテーターとしては、ホームワークとして成功率が低いと思って助言しても、参加者の気持ちが変わらない場合、「ちょっと○○の状況などを考えると難しいかもしれませんが、やってみますか。どこがうまくいったか、いかなかったかを次回の振り返りで一緒に検討しましょうね」と伝えて、参加者の要望を受け入れます。次回の振り返りのときには、ホームワークの実践に参加者が失敗しても、「助言に従わなかったから失敗した」と思わず、また過ちを指摘するといった発想でもなく、ホームワークの失敗は、ファシリテーターの共同責任であるという考えのもとに、[どこまでうまくいき、どこからうまくいかなくなったか] を中立的な態度で分析することが肝要です。

上手な手助けを工夫しよう

　この回のセッションは精研式プログラムのオリジナル版にはなく、簡易版であらたに付加した内容です。一概に発達特性といってもその内容は多様で、それぞれの発達特性が行動の問題にどのように影響しているかを見極めるのはとても難しいことです。CCQ（Calm Close Quiet）で指示を行っても、発達特性が邪魔をして子どもがその指示に従えないことがあります。

　例えば、宿題をしないという行動の問題に、見通しの立てにくさだったり、気の散りやすさだったり、ほかのことへのこだわりだったり、親への反抗だったり、行動を停滞させるさまざまな要因が絡んでいる可能性があります。第5回では、各参加者がわが子の発達特性と行動の特徴に応じた対応策を考えます。

　これまでの4回のプログラムでは、肯定的な注目の与え方や、［無視・待つ・ほめる］、CCQ など、あらかじめ用意された技法を学び、その技法をホームワークで実践するという学習スタイルでした。今回もいくつかの対処法を提示しますが、今までとは異なり子どものどの行動を強めたいか、あるいはどの困った行動をなくしたいかをまず考え、それに対してこれまで学んだ［ほめる］ことや［無視・待つ・ほめる］やCCQ、また今回提示する対処法を使って、自分なりのオリジナルな対処法を考案します。

　第1回の［行動をほどく］で行動と環境や親子の行動の関係をほどくことの大切さについて述べましたが、第5回ではその考え方をフル活用して、子どもの発達特性と行動の特徴、行動に影響を与える環境の整備、行動を強めているかかわり方の分析など、行動と環境やかかわりの関係をほどいて、行動の滞りを解消するために必要な手助けについて考えます。

ウォーミングアップとテーマの説明

🔍 **ねらい**

　第5回は、内容が豊富なので教示に多くの時間が必要です。そのためウォーミング

アップは省略します。ただし参加者の緊張が強い場合は、軽くウォーミングアップをしてもよいでしょう。

💡 教示例

　スライド①で第5回のセッションの流れを説明して、今回のテーマについて参加者に理解してもらいます。

①

> ### 第5回　上手な手助けを工夫しよう
>
> 1. ホームワークの振り返り
> 2. つまずきの特徴をとらえよう
> 3. つまずきに合った手助けを考えよう
> 4. これまでの手助けの経験の共有
> 5. アクションプランとホームワークの
>   説明

⚙ ポイント

❶発達特性が影響して起こる行動の停滞や逸脱を、このプログラムでは「行動のつまずき」と表現しています。つまずきという表現には、「あらかじめ予測しておけば転ばない＝発達特性が障害とはならない」「転んだとしてももう一度起き上がればいい＝支援を工夫すれば障害は克服できる」という意味が含まれています。

❷「手助け」とは、それぞれの発達特性と行動のつまずきを考え、その対応として有効な具体的な支援を子どもに提供することを意味しています。参加者のなかには、どこまで子どものやることを手伝えばいいのか、手をかけすぎてわが子の自立を妨げていないか、依存的な子どもにしていないかなど、手助けをすることに迷いのある保護者が多くいます。ファシリテーターはそのことを念頭において、参加者が日頃行っている子どもへの手助けの状態を確認し、支援の必要性を整理していきます。

❸第5回では子どもの発達特性と行動の特徴を再確認することになり、参加者にとってはこれまで以上に心の負担が大きくなります。ファシリテーターはそのことを念頭において進めていきましょう。

ホームワークの振り返り

🔍 ねらい

　感情の抑制、具体的な指示、そして指示に従った後に子どもに肯定的注目を与えるという一連の行動が大切なことを、参加者が理解したか否かを確認するのがねらいです。参加者が CCQ を意識して、感情を抑えて、具体的な行動を指示できたかどうかを確認します。

　CCQ のホームワークは技法としてはわかりやすく、ターゲット行動の選択が適切なら成功率はかなり高くなります。そのため、CCQ を使って子どもに何かをやらせることばかりに参加者の関心が向くことがあります。そのようにならないように、ファシリテーターは注意しましょう。そして、それぞれの実践を振り返った後に、良好な親子関係を維持するためにこれまでと同じように子どもを「ほめる」ことが重要であることを確認しましょう。

💡 教示例

　参加者にホームワークの記録を読んでもらい、気づいたことなどを報告してもらいます。全員の報告が終わったところで、**スライド①**を提示し、CCQ が効果的な技法であるが故に過度の使用になりがちなことを注意するように助言します。

---

①
CCQ の使いすぎは要注意
- CCQ は子どものキャパを超えてしまうと、その反動として反発や無関心などの行動が生じます。
- CCQ をターゲット行動以外に使うときは、「1日〇回」など、回数や頻度を決めて、使いすぎに注意しましょう。

使いすぎると

反発　　　無関心

---

②
選択肢法を使うときの注意点

選択肢法は次の要領で使います。
　☆選択肢は単純に二択くらいがいい
　☆どちらを選んでも、ターゲット行動をしなければならない選択肢を考える

例）ターゲット行動⇒散髪が苦手な子が理容店に行く。
よい例
　「お父さんと散髪に行く日だよ。今から行くか、夕方に行くか、どちらかに決めなさい」（実は「1人で行く」「今日は行かない」という選択もあるが、それらは選択肢にしない）
よくない例
　「お父さんは散髪に行くよ。君も一緒に行くか、それとも後で1人で行くか、どちらかに決めなさい」（「1人で行く」を選び、結局、行かない可能性が高い）

⚙️ ポイント

❶発達特性がある子どもは、心的エネルギーが枯渇しやすく、あるいは行動を起こす動

機を持続しにくい傾向があります。そのため CCQ の使いすぎは要注意です。子ども
のキャパシティに限界が生じ、その後の行動は CCQ を実施する以前の状態にもどっ
たり、以前よりも投げやりな様子になったりします。CCQ は子どもが自発的に適応
的な行動を起こすための過渡的な技法と考えてください。指示に従えることを目的に
するのではなく、大切なのは指示に従った後に起こる子ども自身の達成感です。その
ため指示の後の「ほめる」ことを忘れないようにと、参加者に伝えましょう。

❷子どもがしぶしぶ、あるいは仕方なしに CCQ の指示に従ったときのほめ方は、子ど
もが素直に指示に従ったときとは異なります。子どもはこれまでと違って親の指示が
具体的で一貫しているので、従わざるを得ないために、指示されたことを行います。
やりたくない気持ちを引きずりながら指示に従うので、「ありがとうね」とか「えら
いわね」とかの声に無反応だったり、かえってふてくされたりします。そういった場
合、参加者から「ほめることはとてもできなかった」、あるいは「ほめたけど、わざ
とらしかった」というような報告があります。子どもの「しぶしぶ」「仕方なし」と
いった態度に、普通であれば、「自分のことでしょ！」とか「さっさとやりなさい！」
など否定的な声かけをしたくなるところを、参加者がぐっとこらえて否定的な注目を
与えなかったことが、この場合の「ほめる」ことにあたります。ファシリテーター
は、参加者にそのように伝えて、参加者が感情を抑えて注目をコントロールできたこ
とをねぎらいましょう。

❸ホームワークがうまく実践できなかった場合、CCQ での指示だけではなく、適切な
行動を起こさせる何らかの工夫が必要で、そのような工夫とあわせて CCQ を実施す
る参加者もいます。よくあるのが、**スライド②**のように選択肢を与えて子どもに態度
を決めさせる方法です。このような方法を選択肢法と呼びますが、もし参加者が選択
肢法を用いて指示をした場合は、**スライド②**を提示して、正しい選択肢法の使い方を
説明しましょう。そのほかの CCQ の補助の工夫は、今回の ［上手な手助けを工夫し
よう］ で、あらためて学ぶことを参加者に伝え、次の内容につなげます。

つまずきの特徴をとらえよう

🔍 ねらい

ワークシートを用いて演習を行います。発達特性によって子どもの行動がどのように

影響されるかを考えるための導入です。架空の子どもの様子から参加者が互いの意見を交換し、それぞれの参加者の子どもの発達や行動の特徴が思い及ぶように工夫しています。

🔆 教示例

　スライド①を提示して、子どもが親の指示に従うには、CCQ 以外にも親の特別な支援（手助け）が必要なことを説明します。［第 5 回ワークシート 1 ：行動のつまずきの特徴を見つけよう］（120 頁参照）を用いて、イラストで示した子どものつまずきの特徴とそれに応じた対応方法を、参加者各自がワークシートに記入することを促します。参加者が書き終わったところで、全体で意見を交換します。

①
つまずきの特徴をとらえよう
CCQ を使って指示してもうまくいかないことがあります。
● 関心が別のことにそれてしまう
● 途中でやめてしまう
● 指示したとおりにできない
● 最初から「できない」と拒否する
そういうときは、行動のつながりをほどいて、どんなところでつまずいているかを調べましょう。

つまずきは手助けが必要な信号
必要な手助けは発達の凸凹を埋め、子どもの自立を促すために必要なサポートです。

🔆 ポイント

❶ワークシートのイラストには、親の感情的な指示に「われ関せず」といった様子でのんびりとした子どもの表情や、途中でやめたらしく学校の道具が散乱している状況など、子どもに何か発達特性がありそうに思える様子が描かれています（82 頁の**スライド②**も同様）。また時計が見えにくい位置にあったり、コタツがあったり、夜食のようなものがあったり、親の指示が感情的で曖昧だったり、適応的な行動が生じにくい環境やかかわりが仕込んであります。

❷上記のようなさまざまな要素に刺激されて、参加者からわが子の発達特性や行動の特徴などを投影したさまざまな意見が出されます。ワークシートの問いに特に正解はないので、ファシリテーターは参加者の意見をそのまま受け止め、発達特性によって起こるさまざまな行動のつまずきを共有するといいでしょう。

つまずきに合った手助けを考えよう

ねらい

　行動のつまずきのなかで共通性の高いものをスライドで列挙し、それに対する基本的な対応方法について参加者に知ってもらい、自分の子どもの特徴を客観的にとらえ、その対処方法を考えるヒントにしてもらいます。

　参加者のなかには、わが子の発達特性や行動の特徴をよく理解し、ここで紹介するような対応をすでに試みている方もいます。そういう場合は、その内容を確かめ、適切な理解や対応であれば、参加者がそのような理解や対応に至った経緯を聞き取ってそれをねぎらいます。

　これまでのセッションとは異なり、特定の技法の使い方を説明するのではなく、各参加者の子どもの発達特性や行動のつまずきに合った対応を、これらのスライドの内容をヒントにして各参加者が考えるのがねらいです。

教示例

　スライド①～⑪まで順次提示しつつ、つまずきの特徴と対応方法について例を交えて説明します。

ポイント

❶この回で取り上げる［つまずきの特徴］は、必ずしも ASD や ADHD など、医学的な診断に対応して整理されていません。発達特性のある子どもであれば、日常的に見られる同じような行動のつまずきを列挙し、そのつまずきへの対応方法を提示しています。ファシリテーターは、参加者が子どもの発達特性や行動の特徴をとらえることができるようになることを大切にして、説明や質問に対する応答を行います。

❷**スライド⑦・⑧**の環境調整は、ASD の療育理論である TEACCH の考え方を基礎にしています。しかし、環境調整は必ずしも ASD に特化したものではなく、発達特性の有無にかかわらず子どもの行動の滞りを改善するには有効な方法です。また、ほかの［手助け］と違って子どもの行動に直接アプローチしない方法です。子どもの発達特性や行動の特徴を直接変えるものではありません。効果的な支援の方法ではありますが、家庭ではできても学校など公共の場ではできないなど、実施に限界がある場合

① **1. 指示されたことを覚えているのが苦手　時間感覚が乏しい・記憶の保持が苦手**

> **思い出しの手助け**
> 指示を何度かに分けて与える。
> CCQ と組み合わせるとよい。

子どもがテレビをつける前に
□「テレビの時間は、9 時までね」と子どもと約束を確認する。
□同時に、「テレビを消す 5 分前に、お母さんがテレビを消す時間を知らせてあげるね」と伝える。

テレビが終わる頃に
■テレビを消す 5 分前に、子どものところに来て、子どもの名前を呼んで、注意を自分に向けさせ、静かに「5 分前ですよ」と伝える。
■テレビを消す時間に「テレビを消しなさい」とCCQ で指示する。

---

② **2. 手順や段取りを考えるのが苦手**

> **手順整理の手助け**
> 先に手順や段取りの計画を立て、
> それを表や図で「見える化」する。

☆学校の用意に必要な行動を整理します。
　ランドセルを用意する。今日の時間割を見る……etc.
☆その行動のなかで子どもができることと、苦手なことを見つける。
☆子どもに学校の用意をすることを、CCQ で伝える。
☆苦手なために、つまずいている行動は代わりにやっておくか、その場で手伝う。
☆できていること、できたことをほめる。
☆最後まで見守り、肯定的注目を与え続ける。

---

③ **3. 相手の意図を読むのが苦手、曖昧な表現を理解するのが苦手**

> **具体化の手助け**
> 比喩や抽象的な表現を、量や時間や頻度に換算して表現しなおす。

いいかげんにしなさいよ！
何時だと思ってんの！
さっさとやりなさいよ！

☆「いいかげんにしなさい」ではなく、黙って子どもの傍らに立つ。
☆「何時だと思っているの」ではなく、「壁の時計を見てごらん」とCCQ で指示する。
☆「さっさとやりなさい」ではなく、「後、5 分で 8 時半だよ。5 分したらテレビを消して、学校の用意をしなさい」とCCQ で指示する。

---

④ **4. ほかに気がそれて集中するのが苦手、気になることを我慢するのが苦手**

> **刺激減らしの手助け①**
> 気になる物を片づける。

☆本棚の漫画の本を読みたくなる。
　⇒本棚にカーテンをつける。

> **刺激減らしの手助け②**
> 気になることを先にすませる。

☆宿題の途中で、学校で読みかけの図鑑を読みたくなる。
　⇒図鑑を読む時間や量を話し合い、宿題の前に読むようにして、気にならないようにする。

---

⑤ **5. 同じことを続けるのが苦手、単調さが嫌い**

> **途中休みの手助け**
> 持続できる時間を前もって調べて、
> 計画的に中休みをとる。

☆宿題の計算問題、漢字の書き取りなど、それぞれの集中できる時間を調べて、その時間ごとに親が正答のチェックをする。
　（※正答チェックが中休みになる）

> **やる気おこしの手助け**
> 課題が目新しく、刺激的になるような工夫をする。

☆算数と漢字の書き取りを 10 分ごとに交代する。
☆親と問題を回答する速さを競う。
　（ただし、親の介入を拒まない場合）

---

⑥ **6. 手作業が苦手、手早さ・緻密さが難しい**

> **課題減らしの手助け**
> 宿題の場合、学校と相談して、子どもの力に応じた課題を設定し、スモールステップで増やしていく。

☆子ども・親・教師の話し合いで、宿題を減らしたり、内容を容易なものに替えたりして、「できた・できる」の体験を優先する。

> **道具探しの手助け**
> 手助けグッズを探して使う。

☆手先が不器用⇒手作業が容易な手助けグッズを使う。例えば靴紐を結ぶのが苦手、マジックテープ、ノット靴紐などより簡単で、靴紐を結ぶのと同じ機能をもつものを探して使う。

第5回　上手な手助けを工夫しよう

もあります。ファシリテーターはそのことを留意して、可能な範囲で実施することを参加者に促しましょう。

❸スライド⑨の［急がば回れ作戦①］は、行動理論の分化強化に基づいています。分化強化とは、よくない行動に否定的な注目を与えず、よい行動へ肯定的な注目を与え、少しずつよい行動のほうを増やしていく方法です。問題となる行動へこれまで学んだ技法を使って対応しても行動の変容が難しい場合に有効です。ただし、徹底して地道

⑦
7. 衝動を抑えること、こだわりをこらえること、我慢するのが苦手

環境調整の手助け
子どもの行動を変えるのではなく、時間や順番や場所など環境自体を変え、行動が起きやすく、あるいは起きにくくする。

☆時間や順番を変えてみましょう。
　例：寝る前に学校の準備をするので、寝る時間が遅くなってしまう。⇒学校の準備を 19 時半までに、歯磨きを 20 時までにすませ、テレビは 21 時までにする。
☆場所や空間など物理的環境を変えて、行動が起こりやすく、あるいは起こりにくくする
　例：時計が見えやすくなるように、テレビの上にかける。
　例：居間でテレビを見て動かない⇒コタツをやめて、ソファにして動きやすくする。

⑧
こだわりのために行動が滞ってしまうとき、行動の手順や段取りを変える。

例：鉛筆がとがっていないと宿題を始められない。
　　⇒子どもと話し合い、子どもが宿題を始める前に親が鉛筆の状態を確かめ、とがっていなければ、1 本を残してほかの鉛筆を削っておく。
　　（※鉛筆研ぎのこだわりは受け入れ、1 本は子どもが削る）

感覚的・生理的に我慢できないとき、その状況が起きないように、時間や空間を変える。

例：夕食のときに弟が食べ物をこぼすのが気になり、兄が文句を言い続ける。
　　⇒真向かいだった弟の席を兄の隣にする。
　　（※席を隣にして見えないようにする。席へのこだわりは受け入れて兄の席はそのまま）

⑨
8. 癖になっている、親の手が届かない場所で起きるなど、変化が難しい行動への対応

急がば回れ作戦①
困っている行動と逆の適正な行動を探し、それに肯定的注目を与える。困った行動が起きる頻度が相対的に減る。

例：「バカ、死ね」など悪口を言う場合、その行動には注目を与えず、その行動の反対側にある＜普通に人の話をする・人をほめる＞という行動に、例えば、「なるほど、それで…」（関心）、「ふむ、ふむ」（傾聴）、「ほー、そうなんだ」（感心）など肯定的注目を与える。
例：爪噛みで困っている場合、子どもが興味をもつ手を使う活動（プラモデル、折り紙、ジグソーパズルなど）を用意しておいて、それを使って遊ぶことを促す。

⑩
急がば回れ作戦②
学校などで困った行動が起きている場合、家庭のなかでその行動と逆の適正な行動に肯定的注目を与える。

例：学校から声が大きいと注意される。
　　⇒家で小声や普通の大きさで話せたときにほめる。

例：学校でいすにちゃんと座っていないと注意される。
　　⇒家でいすに背筋を伸ばして座れたらほめる。

⑪
※1.～8. の複数が当てはまる場合

子どもの行動の特徴に合わせた工夫
　☆手助けのいくつかを組み合わせる
　☆手助けのいずれかを優先する

に続けないと効果はありません。子どもを「ほめ」、子どもの自己肯定感が回復し、子ども自身が自己を統制する力を獲得していくとともに、緩やかに効果を発揮します。ファシリテーターはそのことを留意して、参加者に忍耐強く実践する必要があることを説明しましょう。

❹この後のアクションプランやホームワークを考える際には、**スライド⑪**のように複数の［手助け］を組み合わせて対応方法を工夫する必要があるでしょう。実際の子ども

の行動の問題において、特定の発達特性が特定の行動のつまずきに1対1で対応していることは少なく、1つの行動のつまずきにいくつかの発達特性が絡んでいることが多いからです。例えば、「予定時間に宿題を始めない」という問題には、[時間感覚の乏しさ][今やっていることへのこだわり][手順・段取りを立てることの苦手さ]などが絡んで起こっていることが多く、その場合には、思い出しの手助けだけでなく、手順整理の手助けや、こだわっている行動が起こらなくするための環境調整などを組み合わせることになります。

これまでの手助けの経験の共有

🔍 ねらい

[行動のつまずき]や有効な[手助け]について、グループワークで参加者のこれまでの経験を共有します。[行動のつまずき]への対応のスライドをファシリテーターが説明する間、参加者はおのずとわが子の発達の特徴やそれに伴う行動の問題、これまで自分なりにやってきた対応策などを思い浮かべます。ここでは、各参加者の子どもの[行動のつまずき]の特徴やそれにどのように対応してきたかについて聞きとります。発達特性とそれによって生じる行動の問題への対応についての知識と経験を共有し、同時に前のスライドで説明した内容の理解を深めるのがねらいです。

💡 教示例

参加者に[第1回ホームワーク：行動を3つに分けましょう]を見てもらい、ファシリテーターは次のように教示します。「減らしたい行動ややめさせたい行動のなかで、日頃あなたが手助けしていること、手助けが必要かもと感じる行動はありませんか？これまで皆さんはすでにいろいろな手助けを試みてきたと思います。それを全員で共有しましょう。そうすることで先ほど以外の方法も見つかり、手助けのレパートリーが増えます」。参加者がこれまでどんな工夫をしてきたか、成功したことだけでなく、うまくいかなかったことも含めて、全員の経験を共有します。

⚙️ ポイント

参加者は、自分のやってきたことに自信がもてなかったり、ひょっとして間違ったこ

とをやってしまっていたのではないかと迷ったりするかもしれません。ファシリテーターは、これまでのホームワークの実践などのなかから前のスライド群の①から⑪に相当する例の有無をあらかじめ調べておいて、その例を実践した参加者に話してもらうように促しましょう。例えば「CCQ のホームワークのときに、○○さんが事前に自分が○○しておくとおっしゃってましたが、それは先ほどのスライドの［環境調整の手助け］にあたるように思いますが、もう少し具体的にはどうされたかお話いただけますか」と水を向けます。ファシリテーターは、その参加者が発言する内容については、特に修正点を指摘したり、逆に大げさにほめたりせず、中立的な態度で聞き取ります。このように報告しやすい雰囲気をつくることで、その後の発言が活発になります。

グループ運営の注意点

Q グループでの話し合いを活発に行うために、参加者同士の結びつきを強めることが大切だと思うのですが、参加者同士を結びつけていくにはどうしたらよいのでしょうか？

A 保護者支援としてのペアレント・トレーニングでは、ピアサポート的な雰囲気をつくるためにグループの結びつきを強めることが大切だという意見をよく耳にします。この質問もおそらくそのような考えが背景にあるのでしょう。グループの結びつきは確かに大切ですが、グループの凝集性が高すぎると、グループは包容性を失い、極端な場合は異質のものに対して排他的になります（第 3 章第 1 節参照）。

そもそもペアレント・トレーニングの目標は参加者同士の結びつきではなく、各参加者が行動理論に基づく考え方とスキルを正しく学び、それを日常生活でわが子の行動に適切に適用できるようになることです。グループワークでは、その目標へ進む意欲が持続するために参加者同士が互いに協力しあうように、グループの力がはたらくことが大切です。そのためにファシリテーターは参加者同士を結びつけようとするのではなく、参加者の実践や経験のなかから共通する話題を結びつけてその問題への参加者の理解を深めていくことがポイントです。その際、取り上げた問題にすべての参加者が関心をもつように、ファシリテーターは多面的かつ客観的に話題を整理し、参加

者同士の話の接点をみつけて話の橋渡しをします。ファシリテーターがこのように参加者の話題を結びつけて大切なことを共有するように努めた結果として、グループのまとまりが自然に生まれます。このようにして生まれたグループは、互いが絡みあったり密着したりせず、適度に距離をもった包容的なものになります。

アクションプランとホームワークの説明

🔍 ねらい

これまでのアクションプランとホームワークでは［無視・待つ・ほめる］やCCQでの指示など、あらかじめ用意された技法を使って、それに適したターゲット行動を［行動を3つに分けましょう］のホームワーク記録シートなどから選択し実施しました。今回は、いわばその逆で、子どもの行動のなかから、参加者が取り組みたい行動を先に決めて、それをターゲット行動とし、その行動に有効な手助けを参加者自身が考えていきます。

また、ホームワークが成功するには、どの回においても子どもへの肯定的な注目が大切です。第3回、第4回は困った行動への取り組みをテーマにするため、プログラムの後半では参加者の視点が子どもの不適切な行動に向きがちになります。参加者の関心が否定的になる傾向を緩和するために、「25％ルール」という表現で、子どものできていることへ肯定的な注目を与えることの大切さについて再確認するのもねらいです。

💡 教示例

参加者に、［第5回ワークシート2：上手な手助けのアクションプラン］（121頁参照）を出してもらい、今回のホームワークのためのアクションプランとホームワークについて説明します。参加者が取り組みたい子どもの行動を考えてもらったり、［第1回ホームワーク：行動を3つに分けましょう］の内容やこれまでのホームワークの記録を見てもらい、子どもの発達特性やそれに関連して起きている行動の問題について考えて、［つまずきの特徴・関連する行動］［使えそうな手助け］［具体的な手助け］の欄を記入してもらいます。ある程度書き終えた段階で、各参加者の記載した内容について報

告してもらい、ファシリテーターは記載内容を確認しながら、アクションプランが具体的に、またホームワークが実行しやすくなるように助言します。

　全員の報告と確認が終わった段階で、**スライド①**を提示して、25％ルールについて説明します。さらに、**スライド②**を提示して参加者に25％ルールでこの絵の子どものできている行動を見つけてもらいます。何人かの参加者の発言の後で**スライド③**を提示して、「この子どもは自分なりにはやれていると思っている」と伝え、25％ルールが大切であることを確認し、ホームワークの記録・提出の仕方を説明します。

① **手助けを成功させるために**
上手な手助けやCCQを使うときは、「できている」ことをほめてからにしましょう。
そのために「小さなよい変化」を25％ルールで見つけましょう。

25％ルールとは
やるべきことが完全にできていなくても、その一部、つまり25％でもできていたら、それでOK、その行動はほめる対象となる行動です。

②

③

> **この子どもが思っていること**
> ・昨日の道具はカバンから出した
> ・体操袋もある
> ・マスクも帽子もある
> ・ティッシュはゴミ箱に入れた
> ・猫もいじめていない
>   きっとお母さんにほめられる‼

🌸 ポイント

　子どもの発達特性による行動の問題を［行動のつまずき］と表現していますが、そのような表現であっても、子どもの発達特性について考えることは保護者にとって精神的負担を伴います。そのため、参加者によっては今回のアクションプランの記入に時間がかかったり、発言することに抵抗を感じたりします。ファシリテーターは各参加者の様子を観察しながら、参加者の心情やペースに合わせて記入や発言を促しましょう。

Q&A

25％ルールの大切さ

Q ほめることの 25％ルールについては、ほかのペアレント・トレーニングのテキストではプログラムの初期の段階で説明しているものもあります。例えば、第 3 回の［小さなよい変化を見つけよう］で、100％できなくてもほめるのがよいことを、［25％ルール］で説明してもいいでしょうか？

A 質問の指摘のとおり、簡易版プログラムの第 3 回の［小さなよい変化を見つけよう］のほめるためのターゲット行動は、［25％ルール］に相当する行動です。［25％ルール］という表現を使って説明しても問題ありません。筆者も必要に応じてこの回以前に言及することがあります。
　簡易版プログラムにおいて、［25％ルール］を第 5 回であらためて説明するのは、ペアレント・トレーニングでの「行動をほめる」ということの意味を

十分に理解できない参加者や、行動をほめることをうまくこなせていない参加者にとって、できて当たり前と思える行動、あるいは通常であれば諭したり叱ったりする行動を、プログラムの早い段階で「25%ルールでほめましょう」と助言されても、なかなか納得がいかないことがあるからです。

この簡易版プログラムでは、参加者が子どものちょっとしたよい行動を見つけることができるようになり、また些細なことにでも子どもに肯定的注目を与えられるようになってから、またプログラムの後半になって忘れがちになる「子どもができている行動をほめることの重要性」を思い出すために、印象的な表現である［25%ルール］という言葉をあえて後半のこのセッションで使うようにしています。

第 6 回

まとめと振り返り

　プログラムの最終回は主に2つのテーマがあります。1つは、精研式プログラムのオリジナル版を簡易にするために省略したいくつかの技法を、巻末の「資料2　その他の技法」を使いながら紹介することです。「その他の技法」の最後に、体罰や叱責など不適切な罰について触れてあります。罰を制限という言葉に言い換えて、「適正な罰とは、行動に制限があることを子どもが知り、制限を破ったときには責任をとらなければならないことである」と説明します。この制限の与え方に関する説明が、精研式プログラムのオリジナル版の最後のテーマとなります。

　もう1つは、ホームワークの振り返りの後に、参加者が子どもの発達特性と行動の特徴をどのように理解し、これまで学んだことや気づいたことのなかで何を大切にしたいか、これからも取り組みたいと思うことは何かを、これまでのセッションの振り返りをかねて全体で共有します。つまり、これからの子どもの成長を支援するために大切なことを、各参加者に考えてもらうことが、もう1つのテーマです。プログラム終了後は、参加者が1人でペアレント・トレーニングに取り組むことになるので、この最後のグループワークは将来に視線を向ける大切なワークとなります。

　最後に、全体のまとめとしてプログラムで大切にされていることと、プログラムで学んだことを今後も続けていくために必要な心構えを確認して、終了します。

テーマの説明とホームワークの振り返り

ねらい

　第6回の主な内容が、前回のホームワークとプログラム全体の振り返り、またこれまでに紹介してこなかった技法の説明であることを参加者に伝えます。

教示例

　スライド①を読み今回の流れを説明した後、前回のホームワークの振り返りを行います。

①

第6回　まとめと振り返り

1. ホームワークの振り返り
2. オーダーメイドの対処法
3. 「その他の技法」の説明
4. まとめ

ポイント

❶最後のホームワークの振り返りです。これまでと同じようにホームワークの記録を参加者に報告してもらい、その後「ホームワークをやってみてどうでしたか？」と、ホームワークを実施して気づいたことを確認します。

❷参加者によって程度は異なりますが、これまでのセッションを通して実践したことや、参加者同士の話し合いや、ほかの参加者の実践から学んだことによって、多くの参加者の障害や発達特性への認識が深まります。そのことに関して参加者が落胆や不安を背景にした意見を表明することがあります。それは、子どもの障害を保護者が理解し、受け入れていく過程に伴う認識の変化です。参加者がその見解に至った経過を丁寧に聞き取り、その落胆や不安を受け止めましょう。

オーダーメイドの対処法

ねらい

これまでは、プログラムで提示される技法の実践が参加者の課題でした。いわば既製の服（技法）を、子ども（行動）に着せていた状態だといえます。これからは参加者自身がオーダーメイドでつくった技法を、子どもの行動に使うことになります。そういう意味を含めてこのワークを「オーダーメイドの対処法」と呼んでいます。

ここでは、プログラムの全体を振り返り、これまで学んできたことで特に自分の子どもの成長を支えるうえで大切な考え方や技法について、各参加者に考えてもらい、それ

を確認することをねらいとしています。

 教示例

スライド①を読み、各参加者にそれぞれがわが子の成長のために何を大切にしたいかを考え、全体に報告してもらいます。

> ①
> ## ペアレント・トレーニング
> ## を振り返って
>
> これまでは CCQ など、いわば既製品の対処方法を学んできました。しかし子どもの行動の特徴、学校などの環境、家庭の状況、また家族が大切にしたいことはそれぞれ違います。また取り組みたいと思うことも異なります。
>
> ● これまで学んだことや気づいたことのなかで、何を大切にしたいと思いますか？
> ● 子どもの成長のために、あなたが取り組みたいと思うことは何ですか？

ポイント

❶このグループワークは、これまでのグループワークとは内容が異なります。これまではそのセッションで学んだことに関連して、お互いの意見を交換し、大切なことを共有するのが目的でした。今回は、まだ経験していない、将来の事柄に思いをはせて、子どもの成長にとって何が大切かを自分なりに考え、親としての支援の方針や方法を考えることが課題です。参加者が報告する今後の方針や方法は、各参加者によって異なります。そのため、これまでのグループワークのように参加者全員が共有できるものではありません。ファシリテーターは無理に話題を結びつける必要はありません。

❷今回が最終回なので、「オーダーメイドの対処法」にはホームワークがありません。参加者がこれから実践したとしても、その結果をファシリテーターやほかの参加者とともに振り返る機会はありません。すなわち、参加者のペアレント・トレーニングは、いわば自立した段階に入ります。ファシリテーターはこの点を考慮し、子どもの成長に合わせて行動の問題が変化していくことを説明し、その方針や方法を参加者が大切にして、あらたな問題へ対応し子どもの成長を支えるように、参加者を励ましましょう。

「その他の技法」の説明

🔍 ねらい

簡易版で省略したいくつかの技法を紹介し、間違った体罰や叱責などを修正するために正しい制限の与え方を説明します。特に行動には制限があること、その制限を破ったときの責任のとり方を子どもが理解することが大切であると、参加者に伝えましょう。

💡 教示例

参加者に、「資料2　その他の技法」（123頁参照）を手元に用意してもらいます。その後、それぞれの手法を説明します。

⚙ ポイント

❶「その他の技法」は必須のものではなく、年齢や状態にあわせて利用するとよいものです。

❷「その他の技法」には、必要に応じてこれまでのセッションで紹介するとよいものがあります。どの技法をどのようなときに使うとよいかを、次にまとめました。参加者のニーズに応じて適宜、今回以前のセッションにおいても紹介してください。

❸「その他の技法」の内容は、参加者が自分で読むだけで十分に理解できるように記載されています。［ホームワークの振り返り］や［オーダーメイドの対処法］に時間がかかったときには、説明を簡略にして、時間を調整するといいでしょう。ただし、技法「5　望ましくない行動に制限を設ける」は、制限の与え方に関する重要なコンテンツです。省略せずに参加者が理解できるように詳しく説明しましょう。

「その他の技法」の項目	使い方
1　ほめることのバージョンアップ	第2回の［ほめるときのコツ］と［3つの要素］のところで、小学校高学年の子どもの保護者が参加しているときに使います。
2　スペシャルタイム	第2回のアクションプランやホームワークで、子どもをほめることが苦手だったり、ほめるターゲット行動を見つけられない参加者のために、助言および代替のホームワークとして使います。 また、特定のセッションに限定せず、参加者がほかのきょうだいへのケアにゆとりがなく困っているときに、きょうだいに使うことを推奨します。

3　ポイントシステム	第4回および第5回のアクションプランやホームワークの際に、指示の後に「ほめる」だけでなく、ポイントシステムのごほうびを使って、よい行動を定着させたいときに説明します。
4　よりよい行動のためのチャート	朝や寝る前の忙しい時間帯の行動の流れを整理したい参加者に紹介します。
5　望ましくない行動に制限を設ける	参加者がホームワークの振り返りのときなどに、「約束を破ったので、おやつをなしにしました」など、罰に相当するようなエピソードを報告したときや、参加者から「減らしたい行動」や「許しがたい行動」への対応として、子どもに罰を与えることの是非を巡って質問が出たときなどに、正しい罰（制限）の与え方を説明するために使います。

まとめ

🔍 ねらい

　これらの**スライド①〜③**では、これまで学んできたことを振り返り、子どもの行動へ肯定的な注目を与えることの大切さを再確認します。**スライド④・⑤**では、これからもペアレント・トレーニングで学んだことを実践していくために必要な心構えとコツを伝えることがねらいです。

💡 教示例

　スライド①〜③はこれまでの復習なので、スライドにそって端的に説明しましょう。**スライド④・⑤**では、これからもペアレント・トレーニングを続けていくための基本的な考え方とコツについて説明します。

⚙️ ポイント

❶**スライド①**は各セッションのテーマを表で提示しています。参加者がそのテーマを思い出し、それぞれのポイントの大切さを理解していることを確かめましょう。**スライド②**では、各セッションで学んだ技法は異なっていても、最終的には子どもを「ほめること＝肯定的注目」の大切さが共通していることを伝えます。**スライド③**は、第2回で使用したスライドと同じ内容であることを伝えて、ペアレント・トレーニングでは子どもに自信を与えることが「ほめること」の目的であることを再度伝えます。

① ペアレント・トレーニングで学んだこと

Step1	子どもの性格ではなく行動に着目する	第1回
	肯定的注目によって望ましい行動を持続させる	第2回
Step2	否定的注目を与えないことで望ましくない行動を減らす	第3回
Step3	適切な指示の与え方を学ぶ	第4回
	子どもの行動のつまずきとその対応方法（必要な手助け・環境調整・急がば回れ作戦など）を学ぶ	第5回
Step4	制限と罰の適切な与え方を学ぶ	第6回

②

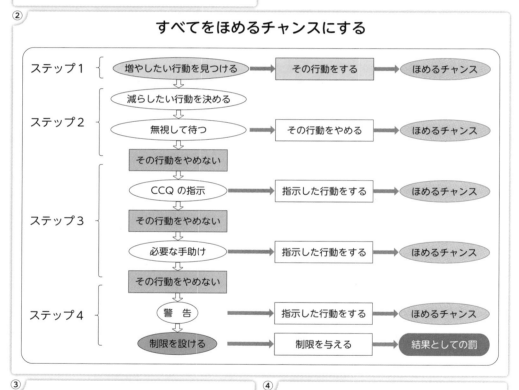

すべてをほめるチャンスにする

ステップ1	増やしたい行動を見つける	その行動をする	ほめるチャンス
ステップ2	減らしたい行動を決める		
	無視して待つ	その行動をやめる	ほめるチャンス
	その行動をやめない		
ステップ3	CCQ の指示	指示した行動をする	ほめるチャンス
	その行動をやめない		
	必要な手助け	指示した行動をする	ほめるチャンス
	その行動をやめない		
ステップ4	警告	指示した行動をする	ほめるチャンス
	制限を設ける	制限を与える	結果としての罰

③ ほめることの本当の意味

ほめるとは、あなたが子どものよい行動に気づいていることを伝えること。
☆子どもをおだてて何かをやらせようとか、何かを身につけさせようとすることではない。

子ども自身に、自分が適切な行動ができていることに気づかせること。
☆その結果として、子どもが自信をもち、新たな意欲がわき、よい行動が身につく。

④ ペアレント・トレーニングの基本的な構え

・小さな変化を大切にする
　Small Step

・小さな成功を大切にする
　Little Success

・成功への注目と成功体験を与える工夫
　Positive Attention

⑤

ペアレント・トレーニングを続けるために

☆学んだことを続けるために、自分自身を
　ほめましょう。

☆ときにはガス抜きが必要です。素の自分
　にも優しくしましょう。

☆疲れたときは少し休みましょう。

☆再開するときは小さなよい変化を見つけ
　ることから始めましょう。

❷**スライド**④は、ペアレント・トレーニングを通して理解した行動の問題への対応の基本を提示したものです。これからもこの構えを原則にして、子どもの問題に対応するように伝えます。**スライド**⑤では、ペアレント・トレーニングで学んだことをこれからも継続していくために必要な心構えとコツについて説明します。発達特性を背景にした行動の問題は年齢とともに形を変えながらこれからもたびたび現れます。親は息長くその問題に対して取り組んでいくことになります。スライドの内容が持続可能なペアレント・トレーニングの実践のコツであることを伝えましょう。

❸最終セッションではプログラム全体の振り返りに留まらず、プログラム終了後の子どもの成長とそれにともなって生じる困難さについての意見が参加者から出ることがあります。それは、学年が上がるにつれ、より高度な適応力が要求される学校生活に、子どもの成長が追い付かないのではないかという予期的な不安です。その不安は子どもの発達特性と行動の特徴への参加者の理解が深まるにつれ強くなります。今後の子どもの成長過程で発達特性が行動の問題として顕現するか否かは、周囲の人々や子どもが生活する環境との関係によって異なります。そのためこの不安への対応は、参加者がプログラムで学んだり気づいたりしたことを、参加者自身が考えて工夫することにかかっています。ファシリテーターとしては、これからも「ほめる」ことを大切にし、今回のペアレント・トレーニングのように、発達障害にかかわる支援者や提供される支援を上手に選びとり、その支援を子どもの成長に役立てることが大切であることを参加者に助言しましょう。

ペアレント・トレーニング 実施のヒントと工夫

ペアレント・トレーニングを深める取り組み

本節では、グループの運営、プログラム実施前と実施後の評価、プログラム終了後のフォローアップ・セッションなど、ペアレント・トレーニングを行ううえで知っておくとよいことについて記載します。それぞれの実践に合わせて活用してください。

1 グループワークのコツ

ペアレント・トレーニングは必ずしもグループで行う必要はありませんが、グループでの学習は、ほかの参加者の実践から学ぶことも多く、プログラム内容の理解に役立ちます。また、同じ悩みや問題を抱える当事者のかかわりは仲間同士で支え合う、いわゆるピアサポートの効果を生み、ペアレント・トレーニングが保護者支援の有効な手段となります。ここでは、グループでペアレント・トレーニングを実施する際の留意点について説明します。

（1）秘密の保持

ペアレント・トレーニングのグループがピアサポートの効果を生むためには、メンバーが固定され、秘密の保持が約束される必要があります。初回のセッションで、ファシリテーターが実施者としての守秘義務について話す際に、参加者間での秘密の保持についても説明しましょう。ペアレント・トレーニングでプライベートなことを安心して話せるための配慮です。ファシリテーターは次のように参加者に話すとよいでしょう。

　　「これからグループでホームワークの実施の結果や、それぞれの実践の状況について話し合っていきます。その際に、それぞれのご家庭やご家族の様子について詳しくお聞きすることになると思います。例えば、お子さんが宿題をする場所など家の間取りや、お子さんの帰宅時間やご両親の在宅の日時などもお聞きするかもしれません。このようなプライベートなことはほかに漏らされたくないし、やたらに漏れたら防犯上も困ります。だからここで皆さんと約束したいのは、お互いに秘密を守るということです。」

このようなグループでの秘密の保持の約束は、参加者に安心感を与え、グループでの

自己開示を容易にします。適切な自己開示はホームワークのアクションプラン作成時に必要であり、またグループのまとまりをつくるのにも役立ちます。

（2） グループ学習とピアサポートのバランス

　発達特性のある子どもの保護者は、日常的に起こるトラブル、子育てに失敗したという自責感、親としての自信のなさ、周囲から理解してもらえない孤立感など、共通の苦労や悩みを抱えています。このようにグループのメンバーに等質性があると、グループは１つにまとまり、協働的な機能を発揮します。ペアレント・トレーニングでも、プログラムの早い時期からグループとしてまとまり始め、ピアサポートとしての雰囲気が生まれます。

　例えば初回の自己紹介のときには、ほかの参加者の話に大きくうなずいたり、身につまされて涙ぐんだり、早くもグループ内に共感や親近感が生じ始める様子が観察されます。そして自己紹介が一通り終わる頃には、『つらい状況は私だけではなかった』というような安堵感が参加者の表情に表れます。そして、その後のセッションからは参加者同士のサポーティブなかかわりが生じ、参加者の学習意欲を支え、プログラムの学習にも役立ちます。

　しかし、自己開示やそれに対する共感的な対応が過剰になると、グループの性質がプログラムの学習よりも癒しや情緒面のケアに偏ってしまいます。そうならないように、ファシリテーターはグループ学習とピアサポートのバランスをほどよく保つように、グループワークを進めることが大切です。そのために、次のことを留意しておきましょう。

個別の課題をグループで共有する

　ホームワークの報告やアクションプランのターゲット行動の選択のときなど、ファシリテーターが特定の参加者に注意を向けなければならず、グループ全体に注意を向けるのが難しいときがあります。特に、ホームワークがうまくできないなど、失敗感や自信のなさを訴える報告や、深刻な行動上の問題のある子どものターゲット行動を選択するときに起こりがちです。

　このようなときは、ファシリテーターは特定の参加者との一対一のやりとりに終始せず、その参加者との話し合いが一段落したところで、「○○さんはホームワークを失敗したとおっしゃっていますが、ずいぶん工夫されたようにも思えます。皆さんはどう思いますか？」「○○さんのターゲット行動に関して何かご意見はありませんか？」と、

ほかの参加者の関心と意見を求めます。このような投げかけは、回答を求めるというよりも、グループ全体で考えるという意識や態度を育てることを目的にしています。

　また、個別のやりとりのなかには、ほかの参加者にも共通する課題が多くあります。例えば、次のようなものです。

- ［ほめることを習慣にしよう］のホームワークの振り返りでほめてみたが、子どもの反応が薄い
- ［無視・待つ・ほめる］のアクションプランで、無視の後の「ほめる」は具体的にどう行うとよいのかわからない
- ［指示を上手に与えよう］のアクションプランやホームワークの振り返りで、CCQ だけではうまくいかない場合にどうしたらよいか
- ［上手な手助けを工夫しよう］のアクションプランで、どこまで手助けをするのがよいのか、手助けしすぎではないか疑問

　このような質問が出たときには、すかさず全体で共有しましょう。例えば「○○さんが、お子さんの反応がはっきりしなくて、ほめる効果がはっきりつかめなかったとおっしゃっていますが、同じように感じた方はいますか？」など、ほかの参加者にその話題を広げます。子どもの反応の薄さは、発達特性として、他者への関心の薄さとコミュニケーションスキルの乏しさがある子どもに共通します。このように個別の課題をグループ全体に投げかけることで、発達特性の理解や理論の学習、技法の習得などを相互援助的に進めていくことができます。

グループのまとまりと包容力をつくる

　集団は、まとまりが強くなると、同時に異質なものを排除しようとする力も強くなります。ペアレント・トレーニングのグループも同様で、子どもの発達特性や家庭状況がほかの参加者と極端に異なる、あるいは参加時の発言や態度がほかの参加者と異なる場合、その参加者とほかの参加者の心理的距離が開きます。その場合、ファシリテーターはグループのなかで排他的な雰囲気が生じるのを防ぐために、グループ全体のモデルを示す必要が生じます。

　例えば、子どもの悩みや苦労話を始めると止まらなくなる参加者がいるとします。心配や子どもへの思いがいっぱいになって周囲の人の反応が見えなくなり、またプログラムの進行を妨げていることがわからなくなっているのです。

その場合、ファシリテーターとしては、ある程度話し終わるまでその逸脱を許容します。その参加者の話が終わったときに、「お子さんの様子と○○さんのご苦労がよくわかるお話でした。この後の話は今後のセッションでご一緒に考えていくとして、プログラムをあと○分くらいで終えたいので、先に進みたいと思います。」と、その人の悩みと苦労を受け止めつつ、全体の進行について言及し、セッションに時間設定があることと時間が押していることを示唆します。

その際、ファシリテーターは過度に共感したり傾聴する必要はありません。ポイントは、ファシリテーターの態度は許容であって受容ではないことです。受容は参加者同士のピアサポートの力に委ね、ファシリテーターは中立的な言動を心がけながら、参加者を非難するような雰囲気にならないように心がけることが大切です。もしその参加者が長く話してしまったことを恐縮するようなら、「最初に時間のことをお話ししなかったのは私の責任ですから、どうぞ気にしないでください。」とフォローします。このような対応によってファシリテーターは、参加者全体のモデルとなってグループの包容力を高めます。

2 ペアレント・トレーニングの効果評価

ペアレント・トレーニングにかかわる効果の評価を**表 3-1**にまとめました。プログラムの効果評価は大切ですが、複数の質問紙や心理検査を実施するのは、参加者にとっても実施者にとっても負担になります。どのような効果を調べるかは、ペアレント・トレーニングを実施する機関の性質や実施目的によっても変わりますので、**表 3-1**の内容を参考にして、それぞれの実践に合わせて評価方法や評価バッテリーを工夫してください。

ペアレント・トレーニングを実施する際に、必ず実施しておいたほうがよい調査は、参加者の実施前と実施後の状態の調査と、セッションごとに実施するプログラム内容の理解度にかかわるリフレクション調査です。筆者は、実施前と実施後に**表 3-2**のような質問項目で参加者の子どもの問題への認識の変化やペアレント・トレーニングへの期待などを調べています。質問項目はそれぞれの実施機関で異なってよいのですが、事前と事後で対照できるように作成するのがコツです。

それぞれのセッションごとに実施するリフレクション調査はいたってシンプルで、理

表 3-1　ペアレント・トレーニングの効果評価

評価対象	評価のツールや方法
子どもの行動の変化	子どもの行動全般を評価する尺度（CBCL、SDQ など）と、特定の発達障害に特化した評価尺度（ADHD-RS など）がある
参加者の精神健康の変化	精神健康全般を調べる尺度（GHQ）や抑うつ尺度（CES-D、BDI-Ⅱ など）がある
親子関係の変化	既存の家族関係・親子関係尺度が複数あり、対象年齢や項目数などを調べ、参加者にあった尺度を選択するとよい
その他：子どもの発達特性に関する参加者の認識、子どもの問題行動への参加者の対処能力、参加者の親としての自己効力感など	それぞれの評価目的に応じて既存の評価尺度を使用したり、オリジナルの評価尺度や自由記述式の調査票を作成するとよい

表 3-2　プログラム実施前と実施後の質問項目

質問内容	プログラム実施前	プログラム実施後
障害や発達特性について	●お子さんの問題や障害で現在もっとも困っていることはどのようなことですか？ ●これまでそのことにどのように対応されてきましたか？	●ペアレント・トレーニングに参加する前と現在で、お子さんの問題や障害について感じたり考えたりすることに何か変化がありますか？
期待する変化	●このペアレント・トレーニングを受けた後、子どもあるいはあなたや家族がどんなふうになっているとよいと思いますか？どのようなことでもかまいませんから、今、思い浮かぶことをお書きください。	●ペアレント・トレーニングに参加して、あなた自身に何か変化はありましたか？ ●あなたのお子さんに何か変化はありましたか？
ほかの家族について	●あなた以外のご家族はあなたがペアレント・トレーニングに参加することをどのように思っていらっしゃいますか？　その方はどなたですか？	●あなたのご家族に何か変化はありましたか？
要望	●その他、ペアレント・トレーニングへのご要望などございますか？	●その他、ペアレント・トレーニングに参加されてのご意見やご感想などございますか？

解度、疑問点、感想の3項目についてA5程度の大きさの用紙に記入してもらいます。この調査は、ペアレント・トレーニングを実施するうえでとても役立ちます。各参加者の学習状態や誤解が生じている事柄がわかり、次回以降に復習したり修正したりすべき点がわかるからです。また感想の欄には、プログラムへの参加に関する期待や意欲、または不安、ほかの参加者と共感できたこと、ファシリテーターへの感謝などが記載され、プログラムを実施する側にとっても学びや励ましになります。

3　フォローアップ・セッション

　このプログラムは全6回で終了です。参加者がプログラムを理解しホームワークを実践することで、参加者は対象年齢の子どもの行動の問題へ適切に対処するスキルを身につけることができます。

　しかし、それで十分かというと、そうではありません。発達特性のある子どもにおいては、その後の成長とともに新たな問題行動や内的な問題、例えば不安や自己評価の低下などが生じます。それは内省力や自己統制力がほかの心身の発達よりも遅れるために生じ、子どもが成長するうえで避けることができない問題です。そのため、可能であればプログラム終了後も定期的にフォローアップ・セッションを開催するのが望ましいのです。フォローアップ・セッションはブースター・セッションとも呼ばれ、ペアレント・トレーニングで得た知識と活力を維持するのに役立ちます。また、ピアグループの同窓会的な効果もあり、孤軍奮闘する参加者のしばしの癒しの場としても機能します。

　とはいっても、マンパワーや場所の制約、ほかの業務の圧迫などの問題から、すべてのグループのフォローアップ・セッションを延々と開催し続けるのは困難です。できれば終了後1か月から3か月の間に、フォローアップ・セッションを一度実施できるとよいでしょう。その後のフォローアップは3～4か月、半年あるいは1年くらいの間隔で開催し、また繁忙を避けるために、複数のグループを一緒にした合同フォローアップ・セッションが開催できると理想的です。

　合同フォローアップ・セッションは、子どもの年齢と成長にかかわる経験が参加者によってさまざまであるため、年齢の若い子どもをもつ参加者にとって、将来の問題とその対処法を予測するうえでとても役に立ちます。先輩の参加者にとってもこれまでの足跡を振り返り、対処してきたことを確認でき、自己効力感の維持に役立ちます。筆者の

経験では、フォローアップで話題にあがるテーマは次のようなものです。

- 診断や投薬の必要性
- 子どもへの障害や診断の伝え方
- きょうだい間のけんかや争いへの対応
- 登校渋りや不登校の予防や対応
- 義務教育後の進学先の情報の交換、高校卒業後の進路
- 大学の障害学生ケアの利用や就労支援の利用

第2節 ペアレント・トレーニングのオンライン実施

新型コロナウイルス感染症の流行によって、人が集まるイベントが中止され、会議や会合がオンラインで実施されるようになりました。

ペアレント・トレーニングも対面での実施ができず、筆者らはオンラインでペアレント・トレーニングを実施してきました。当初は感染防止のための苦肉の策でしたが、オンラインでの経験を重ねるに従い実施方法の工夫も蓄積でき、対面にはないオンラインならではのよさもわかってきました。ここではその経験から、オンラインでの実施と運営上の留意点について述べます。

1 オンライン実施のメリットとデメリット

オンラインで実施することの最大のメリットは、インターネット環境とパソコン等の通信機器があれば、どこからでも参加できることです。筆者らが実施した際には、海外の日本人家族が参加したこともあります。ほかにも、会場までのアクセスの制約や負担がなく、移動時間の節約ができます。また、ホームワークをメール等の電磁的方法で受け取ることによって、ホームワークの振り返りを事前にできたり、録画機能を利用すれば欠席者に録画内容を視聴してもらうことで欠席への対応ができたりするなど、対面にはない便利さがあります。

その反面、インターネット環境がなかったり通信機器の操作に慣れない保護者の参加が制限されます。また、対面では参加者同士が終了後にカフェやランチなどに誘い合うこともあって、対面ならではのピアサポートとしての意味があります。残念ながら、オンラインではそのような自主的な交流がなかなか生まれません。

オンラインでの実施に際してもっとも懸念されることは、グループワークが制限されることです。特に技法の学習のためのロールプレイは、対面と同じようにはできません。また、画面を通した話し合いでは、対面のような参加者同士の自然な意見交換が制限される可能性があります。これらは、ペアレント・トレーニングのピアサポートの機能を弱める可能性があり、筆者らもオンラインでの実施に切り替えるときに苦慮したことでした。工夫したこととその結果について、以下に述べます。

（1）ロールプレイへの対応

　オンライン実施でのロールプレイには、次の2つの対応方法があります。

① 　画面を通して、セリフと画面内で見える動作でロールプレイを行う。

② 　あらかじめスタッフが演じたロールプレイの動画を作成しておき、参加者に視聴してもらう。

　筆者らは①を試みましたが、やはり対面のロールプレイと比較すると、臨場感に欠けます。画面上でのロールプレイは、身体全体の動きが見えず、互いの息が合いにくかったり、やりとりがうわべだけになったりして、対面に比べて学んだ技法を子どもと親の両方の立場で経験する、いわゆる体験学習の点で劣ります。

　体験学習の点をオンラインで改善することが難しいため、筆者らは、現在は②の動画を視聴してもらう方法を実施しています。模範演技を視聴することで、各回の技法の学習には十分です。参加者同士の交流は、動画視聴後に感想と意見を話し合ってもらうことで補っています。また、参加者が一度にロールプレイを視聴することで効率がよくなり、余った時間をホームワークの振り返りやグループでのアクションプランの討議に使っています。

（2）ピアサポート機能への対応

　オンラインによるペアレント・トレーニングを実施して意外だったのは、話し合いのときにファシリテーターが参加者全員の関心や注意の状況を把握するには、対面よりもオンラインのほうが有利なことでした。対面とオンラインの物理的な要素の違いによるところが大きいようです。

　対面のほうが参加者の様子をとらえやすいと思いがちですが、円陣でのグループワークは左右の人へ注意を向けることが難しく、またファシリテーターが一人の参加者と対話をしている際にはそれ以外の参加者の動向を観察できません。

　その点、オンラインでは画面上に参加者全員の表情が映り、ファシリテーターが一人の参加者と話し合いながら、ほかの参加者の反応を同時に観察できます。ファシリテーターの助言に対して、ほかの参加者が大きくうなずいたり、眉を寄せて考えている表情などをつぶさに観察でき、そのような参加者に同意を求めたり、発言を促したりして、重要な点やわかりにくい点などをグループ全体で共有することができます。1つの画面内に情報が凝縮されることで、ファシリテーターがグループワークを行いやすくなります。ただし、Web会議システムの設定を、発言者のみの画面ではなく全体が映る画面

にしておく必要があります。

2 オンラインの実施方法

オンラインで実施するには、対面にはない次のような留意点があります。

（1）機器や環境の準備

　カメラ付属のパソコンや安定したインターネット環境を準備すること、また Web 会議システムのインストールが必要です。Web 会議は現在広く普及しているので、さまざまな機器やアプリケーションソフトがあります。それぞれの実施状況にあったものを準備しましょう。

（2）オンライン実施に必要なスタッフ

　オンラインで実施するには、Web 会議システムの操作とプログラム実施中の保守、通信機器や Web 会議に不慣れな参加者のアシストなどを担当するスタッフが必要になります。オンライン実施のためのスタッフを増員できない場合、サブファシリテーターがこの業務を兼務することも可能です。オンライン実施において、サブファシリテーターは対面で行う際の板書やロールプレイの補助等の役割がなく、Web 会議システムの操作と保守を担当する余裕があります。

（3）守秘義務とセキュリティ

　オンラインで実施する場合、Web 会議への不正アクセスや情報漏えいなどのセキュリティリスクへの対応が必要です。また、次のようなことに関して参加者へ十分に説明し、同意を形成しておく必要があります。

・録音・録画をしない。

・プログラム内で得た個人情報を SNS で発信したり、他者へ伝えたりしない。

・参加する際は、プライバシーが保たれる場所を獲保し、公共の場でのフリー Wi-Fi などを利用しない（欠席の補習として動画記録を観る際も同様）。

・ホームワークの提出方法として記録用紙の写真画像をメールに添付したり、ホームワークを Word や PDF などの電子ファイルとしてメールに添付して送信する際に

は、氏名や固有名詞など個人情報を記載しない、パスワードを設定するなど工夫
する。

資料

第1回　　ワークシート1

性格ではなく行動を見る

23 〜 27 頁参照

① お子さんの長所を書いてください。

② ①に書いたお子さんの長所を、具体的な行動として書いてください。

③ ②に書いた行動をあなたはどんなふうにほめますか？

第1回　ワークシート2

行動をほどく

32 ～ 34 頁参照

　小学 3 年生のたけし君は、朝、自分で着替えをしません。洋服はソファに用意して
あるのに、パジャマを脱いで、そのままコタツに入ってしまいます。いつまでも着替え
ないので、学校に遅刻しそうになります。結局、毎朝お母さんが代わりに着替えさせて
います。

　① たけし君が着替えをしないのはどうしてでしょう？　行動と環境、子どもの行動
　　と母親の行動の関係をほどいてみましょう。「着替えをしない」原因と思える、
　　「きっかけとなる状況」と「行動が続く要因」を書いてみましょう。

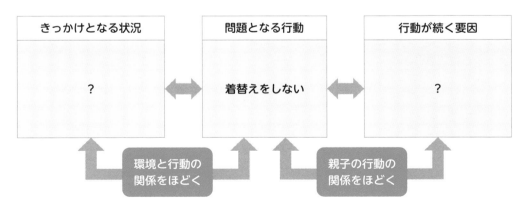

きっかけとなる状況	問題となる行動	行動が続く要因
?	着替えをしない	?

環境と行動の関係をほどく　　親子の行動の関係をほどく

きっかけとなる状況	

行動が続く要因	

② たけし君が着替えるようになるために、あなただったら、「きっかけとなる状況」
や「行動が続く要因」に対して、どのようなことをするといいと思いますか。

「きっかけとなる状況」をどう変えるか	

「行動が続く要因」をどう変えるか	

氏名（　　　　　　　　　　　）

第1回　ホームワーク
行動を3つに分けましょう

34～35頁参照

子どもの行動にはどのようなものがあるでしょうか？

あなたが日頃目にする、あるいは耳にする子どもの行動を次の3つに分けてみましょう。

① 増やしたい行動＝あなたが好きな行動、続けさせたい行動

② 減らしたい行動＝困った行動のなかで、続けさせたくない行動

③ やめさせたい行動＝困った行動のなかで、許しがたく絶対にさせたくない行動

＜行動の書き方＞

増やしたい行動

・ほかの子にやさしくする⇒ほかの子が転んだら、「大丈夫？」と声をかける

（より具体的な行動として書く）

減らしたい行動

・食事中、行儀が悪い⇒食事中、ひじをついて食べる

（より具体的な行動として書く）

・いつまでたっても宿題をしない⇒宿題をやる時間になってもテレビを見ている

（「～しない」ではなく「～する・している」と書くほうが、時間や場面など状況が

より具体的で明確になる）

やめさせたい行動

やめさせたい行動とは、困った行動のなかで次のような行動です。

・自分自身を傷つける：いらいらすると自分の手を噛んだり、頭をたたいたりする

など

・ほかの人を傷つける：言い争いが高じて、ほかの子を殴ったり蹴ったりするなど

・公共のものを壊す：学校の机やいすを蹴とばす・電車のレールに石を置くなど

＜増やしたい行動を見つけるヒント＞

増やしたい行動を見つけるヒント	どうしても見つからないとき
① 同年齢の子どもだったら当然できること ② つい最近までできなかったこと ③ できて当たり前と思っていたこと	A）昨日かおとといのことを思い出して、左の① 　〜③の行動を探す B）今日から1週間くらい子どもの行動を観察し 　て①〜③の行動を探す

＜３つの行動の例＞

増やしたい・続けさせたい行動	減らしたい・続けさせたくない行動	やめさせたい・許しがたい行動
私が疲れたと言うと、肩をたたいてくれる。	宿題をする時間になっても、テレビを見ている。	口げんかのときにも、妹をたたく。
朝、ゴミを出す。	トイレの後で手を洗わずに、食事をする。	電車の中で、大声で乗っている人のこと（顔の特徴など）をいう。
妹にお菓子を分けることがある。	寝る前に必ず甘いジュースを飲みたがる。	

＜記録用紙＞

増やしたい・続けさせたい行動	減らしたい・続けさせたくない行動	やめさせたい・許しがたい行動

あなただったら、どうほめますか

42 〜 44 頁参照

例）小学校 4 年生男児

　学校から帰ってきて、「ただいま」と言って、リビングに入ってきました。①いつもと違ってランドセルを床に投げ出さず机の上に置きました。

　②私が机の上に広げたままだった新聞を、文句を言わずに畳み始めました。畳み終わったら、ランドセルから理科の本とドリルブックを出して、③珍しくドリルをやり始めました。本の横には今日学校で使ったプリントがあって、理科の実験の観察記録らしく、④そこには久しぶりの花丸がついています。

①

②

③

④

ほかにほめるところはありませんか？
もしあったら、アンダーラインを引いてください。

第2回　ワークシート2

ほめるためのアクションプラン

49～50頁参照

1．ほめるためのターゲット行動の選び方のポイント

① 第1回のホームワーク「行動を3つに分けましょう」の増やしたい行動のなかから、あなたがほめたい行動を選んで○をつけましょう。

② その行動のなかで次の条件に合うものは◎にしてください。

　・毎日あるいは週に何度も見られる行動

　・あなたが好きな行動

　・その行動が起こる時間、タイミング、場所が思い浮かぶ行動

　・そのときにあなたが側にいて、あなたがほめることができる行動

　・ほかの人がいてもほめられる行動

　　例えば、兄がほめられるのを弟が見て、「そんなこと僕だってできるよ」と馬鹿にしたりする行動は、ターゲット行動には不向きです。

③ ◎の行動のなかからターゲット行動を決めて次の表に書きましょう。

④ その行動をどうほめるかを書きましょう。

ターゲット行動（いつ・どこで・頻度）	その行動をどうほめるか

記載例

ターゲット行動（いつ・どこで・頻度）	その行動をどうほめるか
自分で起きる。 （朝・寝室で・週3回くらい）	自分で起きたときは2階から降りてくるので、「おはよう」と言うときに「自分で起きたのね」「手が離せなかったから、助かるわ」みたいに何かを付け加えてほめる。

氏名 （　　　　　　　　　）

第2回　ホームワーク
ほめることを習慣にしよう

49 〜 50 頁参照

あなたが選んだターゲット行動は何ですか？　下の欄に書きましょう。

ターゲット行動をどうほめたか、そのときの子どもの反応を記録します。またターゲット行動以外に子どものよい行動に気がついたとき、それをどんなふうにほめたか、また子どもの反応はどうだったかを記録しましょう。うまくほめられなかったときも記録してください。

月日	ほめた行動	どうほめたか・子どもの反応
例 10/11	朝、自分で起きた。	おはよう。7時10分だ、早く起きられてえらいね。（子）得意そうだった。

第3回　（ワークシート1）

「無視・待つ・ほめる」の組み合わせの アクションプラン

62 〜 63 頁参照

ホームワーク「行動を 3 つに分けましょう」のなかの「減らしたい行動」のなかから「無視・待つ・ほめる」のターゲット行動を探しましょう。あればそのなかの 1 つを選んで整理しましょう。

① その行動はいつ、どこで起こりますか？

② その行動を無視すると起こる「ましな行動＝小さなよい変化」を見つけてください。

③ 「ましな行動＝小さなよい変化」をどのように「ほめる（肯定的注目を与える）」か、考えてください。

「無視・待つ・ほめる」のターゲット行動	
いつ、どこで起こるか	
「ましな行動＝小さなよい変化」は何か	
「ましな行動＝小さなよい変化」にどのような肯定的注目を与えるか	

「小さなよい変化」「小さなよい行動」を
見つけるためのアクションプラン

62～63頁参照

「無視・待つ・ほめる」の対象になるような行動がない場合、日常のなかの「小さなよい変化」や日頃見逃しがちな「小さなよい行動」を探すことをホームワークにします。

① 今、思いつくものがあったら書いてみましょう。

② それをどんなふうに「ほめる（肯定的注目を与える）」か、考えてください。

「小さなよい変化」あるいは「小さなよい行動」は何か	
その変化や行動をどうほめるか	

氏名（　　　　　　　　　）

第3回　　ホームワーク

A「無視・待つ・ほめる」
B「小さなよい変化／行動」（記録用紙）

62 〜 63 頁参照

実施したホームワークが A・B のどちらだったかを記載してくだい。

月　日	対象となる行動	あなたの対応・子どもの反応
例 3月4日	Ⓐ宿題を始めるとき、言い訳や条件のようなことを要求する。	「宿題やるよ」と私が言ったら、子どもが「ゲームやってから」と言ったが、それには応じず、テレビを消して、子どもがいろいろ言うのは無視し、もう一度「宿題やるよ」と言った。ランドセルから教科書を出したので、私が「（宿題が）早く終わったら、妹と一緒にウノをしよう」と言った。子どもは無反応だがいつもより集中して宿題をやった。
例 3月10日	Ⓑ最近、靴のかかとを踏まないで履けるようになっている。	子どもが帰ってきたとき、玄関で迎えて、子どもが脱いだ靴をそろえながら、今気がついたように「かかと踏まなくなったね」と言った。子どもは「うん」だけだったが、その後はニコニコだった。

第4回 （ ワークシート ）
CCQ のアクションプラン

69 ～ 70 頁参照

ホームワーク「行動を 3 つに分けましょう」の減らしたい行動のなかから、これまで指示して 3 回に 1 ～ 2 回は従えたものをターゲット行動にします（成功率が高そうな行動を選ぶのは、子どもが指示に従えたとき、子どもにも「できた」という達成感や成功体験を与えるためです）。

① CCQ のターゲット行動を次の表に書きましょう。

② そのターゲット行動に CCQ でどのように指示するか、いつ・どこで・誰が等を意識して書きましょう。

③ 指示に少しでも従ったときにそれをどう「ほめる」かを書きましょう。

※「ほめる」とは、あなたが子どものよい行動に気づいていることを伝えることです。

CCQ での指示のターゲット行動	
指示の与え方	
指示に従ったときのほめ方	

記載例

CCQでの指示のターゲット行動	寝る前に歯磨きをする
指示の与え方	テレビを見ているときは聞こえていないので、テレビの音を小さくして、そばに行って、「歯磨きだよ、洗面所に行こう」とCCQで言う。すぐに反応しないと思うので、もう一度CCQで言う。そして手を引いて立ち上がらせ、一緒に洗面所に行く。
指示に従ったときのほめ方	歯を磨き始めたら「えらいね、お布団の用意しておくからね」と言ってその場を去り、寝る前にもう一度「（自分）1人で歯が磨けてえらかったね」と言う。

118

氏名（　　　　　　　　　）

第4回　ホームワーク
CCQ を使った指示（記録用紙）

69 〜 70 頁参照

あなたが選んだターゲット行動は何ですか？　下の欄に書きましょう。

子どもにどのように指示し、どのようにほめたか、また子どもの反応を記録しましょう。

月　日	指示のターゲット行動	どのように指示し、どのようにほめたか、子どもの反応

第5回 （ワークシート1）
行動のつまずきの特徴を見つけよう

74 ～ 75 頁参照

この子は、毎晩、寝るのが遅くなって、毎朝、学校に遅刻します。

毎晩のようにお母さんに叱られています。

① この子はどんなことが苦手だと思いますか？　思いつくことを書いてください。

② その苦手さをカバーするために、あなただったらどんな工夫をしますか？

120

第5回　（ワークシート2）

上手な手助けのアクションプラン

81 ～ 83 頁参照

つまずきの特徴　　関連する行動	
使えそうな手助け	
具体的な手助けのやり方	

記載例

つまずきの特徴　　関連する行動	時間感覚がなく、なんでもだらだらになってしまう。 お風呂に入る時間になってもテレビを見ていて、お風呂に入った後から、やっと宿題を始め、寝る時間になっても宿題が終わらない。
使えそうな手助け	「思い出しの手助け」＋「手順整理の手助け」でやってみる
具体的な手助けのやり方	「宿題・お風呂・寝る」の順番とだいたいの時間を食事が終わってテレビを見る前に知らせる。21 時少し前に「あと 5 分で宿題をやる時間です」と CCQ で伝える。21 時 45 分になったら「ここまでできたのね。もうお風呂の時間だから、後は明日の朝やりましょう」と CCQ で指示する。少しでも私の言うことに注意を向けたら、笑顔を返す。

つまずきの特徴　　関連する行動	気が散りやすい（なんでも「ながら族」で、1 つに集中できない）。 テレビを見ながら食事をしたり、宿題をする。
使えそうな手助け	環境調整（時間帯の調整）で対応
具体的な手助けのやり方	宿題のときはテレビを見ないことを CCQ で話し合う。食事前に子どもの見るテレビ番組を 2 人で確認し、それとは違う時間帯を宿題の時間にする。

第5回　　ホームワーク
上手な手助け（記録用紙）

81 〜 83 頁参照

あなたが選んだターゲット行動は何ですか？　下の欄に書きましょう。

どのように手助けしたか、またそのときの子どもの反応や変化を記録しましょう。

月日	手助けのターゲット行動	何をどうしたか、子どもの反応や行動の変化

1　ほめることのバージョンアップ

　幼児期や小学校低学年の子どもでは、親が子どもの行動をほめることやごほうびを与えることで、よい行動を身につけさせてきました。しかし、子どもが小学校高学年や中学生の年齢になったら、自分自身で正しい判断をし、自発的に行動することに肯定的注目を与えます。

　①子どもが大きくなるにしたがって、表面の行動から内面の変化に目を向ける。例えば、考える力、年齢相応の判断や自制心などが成長したと感じたときは、できるかぎりほめる。

　②子どもが大きくなったら、行動だけではなく、価値観、感情、性格をほめることも大切にする。

　③子どもの行動を見守り、子ども自身が自覚している、あるいはほめられることに納得する内容をほめる。

　小さいときのように、すぐにほめる必要はありません。チャンスを見計らって、子どもにうまく伝わるように、成長したことをあなたの言葉でさりげなく伝えましょう。それが小学校高学年や中学生、また思春期以降の子どもをほめるときのコツです。

　ほめ方の具体例としては、例えば、これまではシャツがズボンからはみ出していても平気だった中学1年生の男子が、最近は自分で気づいてシャツをズボンの中に入れるようになった場合。一緒に外出する際などに、「最近は身だしなみがよくなったね。もうりっぱな中学生だね」など、シャツをズボンに入れるという具体的な行動をほめず、身だしなみがよくなったと表現し子どもの成長をほめます。

　あるいは、自己主張がなかなかできなかった中学2年生の女子が、友だちの遊びの誘いにのらず、「今日は5時までに家に帰る」と言って、塾の時間に間に合うように帰宅したことを母親に報告したとき。その場でほめるとともに、夕食後の家族団らんのときに、本人にも聞こえるように夫にエピソードをさりげなく話します。

成長をほめるとは？ （小学校高学年の例）
- やることの中味が少しでも向上している
    - 例：身だしなみを気にするようになっている
- 感情を以前よりも抑えることができる
    - 例：怒っても手をださないで、言葉で言う
- 自発的に賢い判断をする
    - 例：宿題をする時間を自分で決める
- 行動する前に考える、次に起きることを予測して行動する
    - 例：「あっ、ご飯の前に手を洗わなきゃ」
    - 例：「雨、降りそうだから、傘持っていこう！」
- ほかの人の気持ちを考えて行動する、思いやりや気遣いを表す
    - 例：買い物の荷物を自分から持つ
    - 例：年下の子に順番をゆずる
- 誘惑に負けず家族の決まりに従う
    - 例：寄り道をしないで、まっすぐ家に帰る
- 自分のことを理解でき、率直に認めることができる
    - 例：自分の失敗を率直に話す
    - 例：自分が間違っていたことを素直に認める

2 スペシャルタイム

　子どもと2人きりになれる時間を見つけ、それをスペシャルタイムにしましょう。

・スペシャルタイムとは、①あなたと子どもが2人になる時間、②じゃまが入らない
　時間、③2人の気持ちにゆとりのある時間、④定期的に確保できる時間です。

・子どもがあなたにしてほしがることを行います。

・ただしそれはあなたが一緒にできることで、あなたの負担にならないことです。

・下のような表を使って、スペシャルタイムの計画を立てます。

子どもと2人になる時間（曜日やおおまかな時間帯など）	そのとき子どもはあなたにどのようなことを求めてきますか？	そのときあなたはどうしますか？	それは実行できそうですか？

スペシャルタイムで行うこと

・しなければならないこと
　①親子で時間の長さを決める　　例：日曜日21時から20分間
　②2人でやることを決める　　　例：オセロ、本の読み聞かせ　など
　③主導権は子どもに与える
　④よいことをしたら必ずほめる
　⑤望ましくない行動は無視する　例：インチキ
　⑥「望ましくない行動が続くときは今日のスペシャルタイムを終わりにする」と予告し、
　　続ければ、スペシャルタイムを中止する

・してはいけないこと
　①先走った促しや指示や命令　例：（オセロで）「ここをひっくり返すほうがいいよ」
　②否定的・批判的コメント　例：「言うとおりにすれば勝てたのに」

きょうだいのためのスペシャルタイム

　子どもの発達特性によって起こるさまざまなことがらの対処に、気持ちも時間もとられがちなとき、きょうだいへの対応はどうしても後回しになりがちです。そのようなときには、きょうだいのためにスペシャルタイムを使いましょう。年下のきょうだいの場合、兄・姉が学校から帰宅するまでの時間帯や、保育園や幼稚園の送り迎えの時間などが、スペシャルタイムを実行するちょうどよいタイミングになります。あるいは、両親で相談してスペシャルタイムを担当する親を決めるのもいいでしょう。

思春期以降のきょうだいのスペシャルタイムは？

　きょうだいは、どんなにきょうだい想いでも、自分だけの時間をもちたい、自分がかけがえのない存在でありたいと思っています。自分にとって大切にしたいこと、例えば部活や趣味や友人との交流の時間を尊重されることは、思春期のきょうだいにとってのスペシャルタイムとなります。

　思春期の子どもが大切にしている活動や交流についてあなたが理解していることをどのように伝えるか？　その時間や活動をどうやって保証するか？　具体的に考えて実行してみましょう。一般的に、思春期の子どもは親から干渉されるのをいやがります。しかしその反面で、親が自分のことを理解し、信じて見守ってくれていることを望みます。思春期のつかず離れずの子育ては難しいことですが、とても大切なので、できるかぎり努力しましょう。

3　ポイントシステム（トークンエコノミー）

　ポイントシステムとは、ごほうびを使って望ましい行動を子どもに身につけさせるための方法です。

1．ごほうびを与えるための行動を選ぶ

①子どもにできるようになってほしいターゲット行動を 1 つ選ぶ。

②子どもがだいたいできるようになっている行動を 3 つ選ぶ。

③子どもがすでにできる行動を 1 つ選ぶ。

　※この段階では少し多めに選んで、最終的に実行する段階で 5 項目くらいにするのがよい。

2．内緒の試行期間（1 週間くらい）を決める

①その期間、1. で選んだ行動が起こる状況や頻度の記録をとる。

②仮の目標得点を決めて、それぞれの行動の出現頻度と 1 項目の行動の得点を計算し、1 か月くらいで目標得点に達するようにする。

3．子どもと相談する

①子どもにポイントシステムを紹介する。

②ごほうびの要望を聞く（高価でないもの、楽に実行できるもの、スペシャルタイムのような一緒にできることでもいい）。

③目標得点と項目の点数を話し合う（内緒の記録の実績を考慮して）。

4．実行する

①2 人で表をつくる（手作りで絵を描いたりシールを貼ったり、楽しみながら）。

	2/3	2/4	2/5	2/6	2/7	2/8	2/9
1 人でトイレに行ける							
朝、友だちを待たせない							
元気におはようと言う							
夕食のおかずを 2 つ以上食べる							
カバンに連絡帳を入れる							
ボーナス得点							

　この表の例は、朝、一緒に登校する友だちを待たせてしまうのを改善することが第一の目的です。ほぼ毎日のように登校時間ぎりぎりまで友だちを待たせてしまいます。そ

れ以外の行動は、3回に1回か2回はできる行動です。1日に少なくとも3～4つの行動には○がつくように、ターゲット行動が選ばれています。容易にできる行動を表に入れておくことは、子どものやる気を維持するのに大切な工夫です。

②表を見えるところに貼る（例：ほかの家族に見られるのを嫌がるようなら2人だけで保管）。

③項目ができた印は○やニコニコシール、できないときは空欄、×はつけない。

④決まった時間に2人で結果をつける…その時には、ほめる、ほめる、ほめる‼

⑤ほかに、率先して家事を手伝うなど、特別によいことをしたら、ボーナス得点をあげる。

⑥目標得点を子どもが獲得したら、ごほうびを与える。

⑦その後もターゲット行動を定着させるために、できるようになった行動をほめ続ける。

5．ポイントシステムをやめるとき

①ターゲット行動が身についたら、ポイントシステムは1か月以上お休みにする。

②ごほうびを獲得することだけが目的になってしまっているようで、ターゲット行動が定着しない場合、それ以降のポイントシステムは行わない。

③新たなターゲット行動を獲得するために、子どもがまたポイントシステムをやりたいと言ったら再開する。

4　よりよい行動のためのチャート
——Better Behavior Chart（BBC）

　「よりよい行動のためのチャート」は、ポイントシステムを使って、朝の忙しい時間や寝かせる前など、毎日の大変な時間帯をスムーズにするための時間割のようなものです。

(1)取り組みたい時間帯のなかの一連の行動から次のようなものを選びます。

　①子どもがなかなか取りかかれないターゲット行動を見つける。

　②いつも必ずやる行動を 1 つ選ぶ。

　③自分から進んでやる行動を 2 〜 3 つ選ぶ。

(2)チャートをつくります。

　①選んだ行動を時間の流れにそって並べる。

　②最初にターゲット行動がこないように、また空間的動線と行動の流れを考えて、選んだ行動の順番を修正する。

　　例：朝の時間帯の空間的動線のよくない例とよい例

　　よくない例：起きる（2 階の寝室）⇒顔を洗う（1 階の洗面所）⇒着替え（2 階の寝室）⇒朝食を食べる（1 階のリビング）⇒ランドセルを持つ（2 階の寝室）⇒家を出る（1 階の玄関）

　　よい例：起きる（2 階の寝室）⇒着替え（2 階の寝室）⇒顔を洗う（1 階の洗面所）⇒朝食を食べる（1 階のリビング）⇒ランドセルを持つ（1 階リビングに前の晩に用意）⇒家を出る（1 階の玄関）

　③時間的なゆとりをつくるために、必要であれば最初の行動はいつもよりも早く始める（朝の時間帯ならば、10 〜 15 分早く起きる）。

　④ターゲット行動の順番は、できるだけ子どもがいつも必ずやる行動や自分から進んでやる行動の後にする。

　　※「できた」という体験のあとに困難なターゲット行動が続くことによって、子どものやる気をそがないように配慮する。

　⑤ターゲット行動への指示には、CCQ や「上手な手助け」を使う。

(3)子どもに「よりよい行動のためのチャート」を見せ、ポイントシステムのようにごほ

うびが用意されていることを伝えます。

(4)子どもが「よりよい行動のためのチャート」を実行することに賛成したら、ポイントシステムと同じように、ごほうび、点数の決め方、表の作成、得点の記入の仕方などを話し合います。次の表は、子どもが興味を引くように、「だいすけの朝の用意大作戦」という名称にしました。

よりよい行動のためのチャート例～だいすけの朝の用意大作戦～

	2/3	2/4	2/5	2/6	2/7	2/8	2/9
7時10分 お母さんの3回の声かけで起きる							
7時20分までにトイレに行く							
7時45分までにご飯を食べる							
8時00分 お母さんに2回言われ連絡帳をカバンに入れる							
8時10分 友だちにあいさつして出かける							

5　望ましくない行動に制限を設ける

1．正しい罰とは

　指示にどうしても従わないときには、子どもの行動に制限を設ける必要が生じます。制限とは「したこと／しないこと」のために起こる結果に責任をとらせることです。子どもを戒めるために叱責し体罰を与えることではありません。叱責や体罰は、子どもに恐怖心や身体的苦痛を与え、子どもとあなたとの関係にとってよくない結果を生みます。

　正しい罰とは、生活にはルールがあり、そのルールを破ったときに、自分の行動に責任をとることです。体罰など間違った罰と区別するために、ここでは正しい罰を「制限」とよびます。

2．制限とは

● 制限は、問題となる行動と結びついたものでなければなりません。

　例えば、〈宿題をやらなかったから、食事は抜き〉というのは制限ではなく、体罰と同じように子どもがやったこととは無関係の、意味が理解できない罰です。

● 制限は、あなたがコントロールできるものでなければなりません。

　例えば、「そんなことしたら、父さんに言うからね。怒られてもしらないよ」というのは、他人任せの脅しです。

● 制限は、あなたが心おきなく取り上げられるものです。

　例えば、「テレビを消さないと、テレビ捨てちゃうよ」や「親の言うことを聞けないなら、この家から出ていきなさい」は、実際にできるでしょうか。できなければ、それは単なるその場しのぎの脅しです。

● 制限は重すぎず、それでいて実行すると子どもが懲りる内容が最適です。

　例えば、約束の時間よりも1時間長くテレビを見ていたからといって、翌日のテレビを1時間見られないというのは、子どもにとって重すぎる罰です。幼い子どもは、親に意地悪されたと受け止めるでしょう。

　適切な制限は、自分の好きな番組の最初の10分間か後の10分間のどちらかの時間にテレビが見られないというのがよいでしょう。子どもは差し引き50分得したと思いますが、実際に実行すると最初のいきさつがわからない、あるいは最後の顛末や

予告が見られないために、この制限を経験すると約束を破ったことを後悔し、約束を守るようになります。

制限を与える前に必ず行うこと

- 制限の中味を考えておく
- 子どもと話し合って、指示に従えなかったときには制限を与えることを約束する
- 約束を忘れているようだったら、思い出させるために CCQ で指示を繰り返す
- 子どもの適正な行動を待ち、少しでも従えば「ほめる」
- 従えなかったときには CCQ で制限を警告する
- それでも従えないときは、結果としての制限を与える
- 制限を与え終わったら水に流す。お説教、説明、なぐさめたりしない
    ※制限を与えた後のお説教やなぐさめは、制限が無計画だったり、勢いでやってしまったために生じる、保護者のうしろめたさや言い訳です。

---

3. タイムアウトの使い方

　タイムアウトも制限の 1 つです。すなわち、不適切な行動を起こしている刺激から一時的に子どもを遠ざけることです。

- 子どもが自分自身あるいはほかの人を傷つける、あるいは大切な物品を壊すような状況のときに使うと有効です。
- 子どもをその場所から移動させ、人や物から遮断することで危険を回避することができます。例えば、妹と遊んでいて、兄が負けそうになって妹を蹴るので注意したら、ますますひどく蹴りはじめたとします。そのようなときにタイムアウトを宣言します。そして、その場から離れたタイムアウトのできる場所に兄を一定時間座らせます。

タイムアウトの方法

- 年齢に応じたタイムアウトの時間を決めます
- 年齢に 1 分をかけたくらいの時間が適当でしょう。すなわち、5 歳児なら 5 分間、10 歳児なら 10 分間です

- タイムアウトの場所は、あなたの目の届くところで、子どもが遊びたくなるような物がない場所です。リビングの空いたスペース、廊下の隅など、子どもの様子が見える、あるいは気配がわかる距離や位置がよいでしょう。そのような場所にいすやクッションを置いて、タイムアウトの場所にします
- タイムアウトを取り入れるときには、事前に家族で話し合い、危険なことや他人の迷惑になることをやっているときは、それをやめるためにタイムアウトをすることを提案します
- タイムアウトを行うときには、必ず「今それをやめないと、タイムアウトだよ」と子どもに警告します
- 子どもがその行動をやめれば、もちろんタイムアウトは中止です
- 反抗してやり続ける場合は、CCQ で繰り返し警告を与えます
- タイムアウトに入るときには、キッチンタイマーなどで時間をセットし、実行します
- タイムアウトが終わったら説教などをせず、子どもを普通の活動にもどします

4．タイムアウトをクールダウンに使うとき

タイムアウトをクールダウンとして使うこともできます。クールダウンとしてのタイムアウトは、きょうだいでけんかになったときやあなたが子どもと言い争いになったときに、それ以上争うのをやめるために使います。

●事前の準備

- ・きょうだいでゲームをしてけんかになったあとや親子で言い争いになったあと、互いの感情が収まったときに、それぞれの状態や行動や気持ちについて話し合います。
- ・お互いが不快な感情になることを確認し、そのためにお互いの仲がいっそう悪くなることを子どもに理解させます。
- ・それを避けるために「タイムアウト」を気持ちのクールダウンとして使うことを提案します。
- ・「クールダウンしよう」とか「タイムアウトとろう」と宣言する合言葉を決めます。
- ・どちらかが提案したら、相手は必ずそれに従うことを約束します。
- ・お互いにどれくらいで気持ちが落ち着くか、あるいは何をしたら気持ちが落ち着く

かを事前に考えて、タイムアウトの時間やタイムアウト中の行動を決めます。

例１：お互いに別の部屋に行って、深呼吸を３回して戻る。

例２：親は買い物に行く、その間、子どもはひとりで遊ぶ（子どもが小学校高学年以降か、ほかの保護者が家にいる場合）。

● **実施の仕方**

・クールダウンが必要となったときには、どちらかが合言葉でタイムアウトを宣言します。

・どちらかが提案したら、相手は必ずそれを受け入れます。

● **クールダウンのタイムアウトの意味**

クールダウンとしてのタイムアウトは、子どもの行動への制限や罰ではないので、子どもの行動の修正を目的としてはいません。互いが一時的に物理的距離あるいは心理的距離をとって感情をコントロールするのが目的です。

「ほめる」だけでいいのですか？

　もちろん、子どもの成長のためには、ほめるだけでは不十分です。しかし、これまで叱り・叱られる関係だった「大人」と「子ども」の関係を変えるには、まず子どものよい行動を「ほめる」ことから始めるのが有効です。

　ペアトレでは、子どもの行動を「ほめる」ことができるようになった後、次のような行動を対象として、その行動を改善する方法を学びます。

☆口答えや悪口に対する対応

☆指示してもやらない・やめない行動への対応

☆なかなか身につかない行動への対応

☆よくない癖やこだわり行動への対応

☆やめさせなければならない行動への対応

家族の皆さんへのお願い

　ペアトレに参加し学んだことを実施するためには、たくさんの心のエネルギーが必要です。参加している家族がいつも以上に疲れたり、悩んだりするかもしれません。ほかの家族の方は次のようなことを心がけてください。

☆参加している家族が、お子さんにいつもと違う態度で接するかもしれません。それはこのプログラムのホームワークのためです。どうかご理解のうえご協力ください。

☆各回で学んだことを上手に実践できないこともあります。参加している家族をあたたかく見守ってください。

☆もし、このプログラムに関心がありましたら、参加している家族の資料を見せてもらい、ペアトレの様子を聞いてください。

ありがとうございました。

　このプログラムでは、「第2回　ほめることを習慣にしよう」「第3回　小さなよい変化を見つけよう」「第4回　指示を上手に与えよう」のなかで、参加者同士のロールプレイを行います。

　ここでは、それぞれのロールプレイの台本を用意しました。ペアレント・トレーニングを実施する際には、この台本を参考にして、参加者の子どもの年齢や状態に合わせて、台本を修正したり新たに作成したりして、適宜工夫してみてください。

　場面Aは日常でありがちな親子の不適切なかかわり、場面Bはその回で学ぶ子どもへのかかわり方や技法を反映した親子のかかわりです。参加者は両場面を演じてみることで、プログラムで学ぶ内容を体験的に理解することができます。

第2回
朝の歯磨き

（ねらい）子どもの注意をひかない声かけと注意をひく声かけの違いを体験する。

場面A		
子ども役は親役に背を向けて歯磨きを始めます。親役は後ろから子ども役に近づき、子ども役に次のように朝のあいさつの声かけをします。 親：おはよう、歯磨きしているんだね。（子どもの背後から近づき、やさしく言う） 子：（歯磨きをしながらうなずく）		

場面B		
最初の状況は場面Aと同じですが、朝のあいさつの声かけをする前に子どもの名前を呼んで注意をひきます。 親：○○ちゃん。（子どもの後ろから、名前を呼びかける） 子：（歯磨きをしながら親のほうに振り向く） 親：おはよう、歯磨きしているんだね。（子どもが振り返ったら、視線を合わせ、やさしく言う） 子：（歯磨きをしながらうなずく）		

子どもの無理な要求への対応

（ねらい）親子で否定的な注目を与え合う対応と、親が否定的な注目を取り去り［無視・待つ・ほめる］を使った対応の違いを体験する。

場面 A

子どもが高価なゲームソフトを買ってほしいとしつこく言ってきます。先月すでに新しいソフトを購入したばかりです。親役はリビングの片づけをしています。子ども役は親の前に来て話し始めます。

子：ねえ、ゲーム買ってよ。**（駄々をこねるような調子で）**

親：この間買ったばかりでしょう。**（片づけをしながら）**

子：この間のもうクリアしちゃったんだよ。

親：誕生日まで待ちなさい。**（子どものほうを向きながら）**

子：誕生日までまだ何か月もあるでしょ。

親：だめよ。**（うっとうしそうに）**

子：クラスの子みんな持ってるんだもん。

親：みんなってことないでしょう。**（強い口調で）**

子：○○くんも、○○くんも、○○くんも……。**（友達の名をあげる）**

親：もう、うるさいわね、いいかげんにしなさい。宿題やったの!?**（腹立たしく強い調子で）**

子：宿題なんか関係ないだろう！**（怒った口調で）**

親：いいかげんにしなさい！**（威嚇するように怒鳴りつける）**

場面 B

最初の状況は場面 A と同じです。

子：ねえ、ゲーム買ってよ。**（駄々をこねるような調子で）**

親：ゲームはこの間買ったから買いません。**（片づけをしながら、子どもを見ずに言う）**

子：この間のもうクリアしちゃったんだよ。

親：**（黙ってリビングの片づけを続ける）**

子：クラスの子みんな持ってるんだもん。

親：**（黙って机の上にスプレーをかけ、ふき取る）**

子：**（親がスプレーを置いたすきにスプレーを取り上げる）**

親：**（子どもがスプレーを取り上げたのには構わず、机をふく）**

子：**（親の邪魔をするつもりでスプレーを机に吹きかける）**

親：あ、ありがとう。**（子どもがスプレーを吹きかけたところをふく）**

子：**（親が怒らないのできょとんとしている）**

親：ここもお願い。**（別のところにスプレーをかけるように、やさしく言う）**

子：（親に言われたところにスプレーをかける）
親：ありがとう。
子：ここもやる？（まだふいてないところにスプレーをかける）
親：ありがとう（そこをふく）、おかげでお掃除が早く終わったわ。（子どもに笑いか
　　けて言う）

第4回

感情的な指示と CCQ を使った指示

（ねらい）感情的な指示と CCQ を使った指示で、子どもに何をすべきか
　　　　　の伝わりかたが違うことを体験する。

場面 A

子どもが、ゲームをやめる時間になっても続けているので、親が子どもにゲームをや
めることを促します。
子ども役は机の前でゲームをやっています。親役は子ども役から少し離れたところ
で、後ろ向きで家事（炊事など）をしながら指示します。

子：（黙ってゲームをしている）

親：いつまでゲームやってるの。（離れたところから、声をかける）

子：（黙ってゲームをしている）

親：何時だと思ってるの。（少し声を荒げて言う）

子：（黙ってゲームをしている）

親：宿題まだでしょう。（促すつもりで、大きな声で言う）

子：（黙ってゲームをしている）

親：（家事をやめて、子どものところに来る）

子：（黙ってゲームをしている）

親：いいかげんにしなさい。（腹立たしく強い調子で言って、ゲーム機を取り上げる）

子：なにすんだよ！（怒鳴って、不服そうに親をにらみつける）

（親子が互いににらみあって終わり）

場面 B

最初の状況は場面 A と同じです。

子：（黙ってゲームをしている）

親：（家事をやめて、子どものところに来る）

子：（親の気配は感じるが無視して、ゲームをしている）

親：（子どもの前に立ち、しゃがんで目線を合わせる）

子：（黙ってゲームをしている）

親：○○ちゃん。（静かに呼びかける）

子：（親が呼んでいるのは気づくが、黙ってゲームを続ける）

親：○○ちゃん。（もう一度静かに呼びかける）

子：（親の顔を見る）

親：（うなずきながら）ゲームをやめる時間だよ。（静かに言い、時計を指さす）

子：（時計を見る）

親：あなたがやめるか、私がゲームのスイッチを止めるか、どちらにする？* （静か
　　に子どもを見ながら言う）

子：わかった、ここでセーブしたら消す。**（少し不服そうに言う）**
親：ありがとう。**（静かに言って、待つ）**
子：**（セーブして、ゲームをやめる）**
親：ありがとう。**（笑顔で静かに言う）**

＊ 「あなたがやめるか、私がゲームのスイッチを止めるか、どちらにする？」は、選択
　肢法といわれる技法で、どちらを選択してもターゲット行動が必ず生じる選択肢を提
　案するのがポイントです。この場合、「スイッチを止めない」という第 3 の選択肢も
　ありますが、そのことには一切ふれずに、ターゲット行動が生じる選択肢のみを提案
　します。

おわりに

　本書で紹介したプログラムが完成するまでに、さまざまな方々のご協力とご指導、また時にはご要望をいただきました。その経過とその方々への感謝の気持ちを述べて、終わりの言葉としたいと思います。

　筆者らのプログラムの原典は、米国のカリフォルニア大学ロサンゼルス校（UCLA）の精神神経学研究所 (NPI) で開発された注意欠如・多動症（ADHD）のためのペアレント・トレーニングです。まず、プログラムを提供していただいたフランケル博士 (F.Frankel)、またプログラムの実践者で、はるばる日本までいらして当時の開発メンバーだった藤井和子先生、井澗知美先生や筆者らを指導していただいたウィッタム女史 (C.Whitham) に深く感謝いたします。そして、当時、米国での ADHD の研究と実践状況の視察旅行に筆者らを伴い、日本へのペアレント・トレーニングの導入を先導し、プログラム開発を指導していただいた上林靖子先生に、敬愛の意を込めてお礼申し上げます。

　プログラムの簡易版を作るきっかけとなったのは、2001（平成 13）年に発足した発達障害支援の会『福島とーます！』で、まだ開発途上だったペアレント・トレーニングの実践を始めたことに遡ります。まだ ADHD についてもペアレント・トレーニングに関しても世間ではあまり知られていない頃でしたが、この会を立ち上げた保護者の方々はいち早くプログラムの存在を知り、福島大学へ転任して早々の筆者にプログラムの実践の場を提供し、多数の保護者の参加希望に応えるために短縮版プログラムの作成を要望されました。その要望に応えるべく作成を始めたのが、『発達障害のペアレント・トレーニング簡易版』のはじまりでした。

　2004（平成 16）年に筆者が立正大学に赴任し、附属施設の心理臨床センターで簡易版のペアレント・トレーニングを毎年実施する機会を得ました。始めて数年経ったころ、参加者の方から、ほめること、無視して待ってほめること、冷静な指示を与えることのほかにもっと個別の問題への対処法について学びたいとの要望を受けました。その要望に応えるべく、あらたに加えたのが、本書の第 5 回『上手な手助けを工夫しよう』です。簡易版が完成するまでは試行錯誤の連続でしたが、その間、サブファシリテーターの沖郁子先生がプログラム修正のヒントや助言で筆者を支えてくれました。ほんとうにありがとうございます。

　本書を出版するきっかけとなったのは、2021（令和 3）年に日本小児精神神経学会主催の研修セミナーで簡易版プログラム紹介の機会を得たことでした。その際、プログラムを成書として紹介することを勧めてくださった広瀬宏之先生また柴田光規先生に感

謝します。また、本書を企画・編集していただいた中央法規出版の平林敦史さん、矢崎
淳美さん、齊藤一輝さんに感謝します。
　そしてなによりもペアレント・トレーニングに参加していただいた家族の方々に、心
よりお礼のことばを述べたいと思います。皆さまありがとうございました。

中田洋二郎

著者・協力者紹介

【著者】

中田洋二郎 （なかた・ようじろう）

立正大学心理学部名誉教授。臨床心理士。

専門は発達臨床心理学、発達障害の家族支援で、子どもと家族の心の発達とそれぞれの成長の過程で起きるさまざまな問題（発達障害、不登校、家庭内暴力、非行etc.）の成因と支援について、研究と実践の双方からのアプローチを行っている。著書は『子どもの障害をどう受容するか―家族支援と援助者の役割』（大月書店、2002）、『読んで学べる ADHD のペアレントトレーニング―むずかしい子にやさしい子育て』（明石書店、2002（監修訳））、『軽度発達障害の理解と対応―家族との連携のために』（大月書店、2006）、『発達障害のある子と家族の支援―問題解決のために支援者と家族が知っておきたいこと』（学研プラス、2018）、『子どもが発達障害といわれたら―幼児期から大人になるまでの Q&A70』（中央法規出版、2019（監修））など多数。

【第 3 章第 2 節協力】

喜多見学 （きたみ・まなぶ）

株式会社こうゆう執行役員、NPO 法人子育て応援隊むぎぐみ副理事長・代表。公認心理師、臨床心理士、家族心理士、ブリーフセラピスト・シニア。

発達障害のペアレント・トレーニング簡易版
プログラムの進め方と運営のコツ

2023 年 4 月 10 日　発行

著　者	中田洋二郎
発行者	荘村明彦
発行所	中央法規出版株式会社
	〒 110-0016　東京都台東区台東 3-29-1　中央法規ビル
	Tel 03-6387-3196
	https://www.chuohoki.co.jp/
装幀・本文デザイン	株式会社ジャパンマテリアル
カバーイラスト	中田恵
本文イラスト	三浦晃子
印刷・製本	株式会社アルキャスト